ÄNDERN.

REPARIEREN.

VERSCHÖNERN.

ÄNDERN. REPARIEREN. VERSCHÖNERN.

Stich für Stich zu einer nachhaltigen Garderobe – flicken, tragen, lieben!

ZOE EDWARDS

DK

Inhalt

Vorwort

Kleidung wird heute so rasend schnell produziert, gekauft und wieder entsorgt, dass wir sie kaum noch zu schätzen wissen. Es wird Zeit, uns ihren Wert wieder bewusst zu machen, sie zu pflegen und zu reparieren.

Zufriedenheit hat viel mit guten Beziehungen zu tun. Das ist Grund genug, auch die Beziehung zu deinem Kleiderschrank einmal genauer unter die Lupe zu nehmen und dich zu fragen, ob es wirklich so große Freude macht, dauernd etwas Neues zu kaufen.

Mit diesem Buch kannst du lernen, die Bestände in deinem Schrank nachhaltiger zu nutzen, ohne auf stylishe Outfits zu verzichten.

Einkaufsgewohnheiten

In den letzten Jahrzehnten ist das Tempo, in dem wir kaufen, benutzen und wegwerfen, drastisch gestiegen. Untersuchungen von Greenpeace zufolge verbrauchen wir 60 Prozent mehr Kleidung als noch vor 15 Jahren. Dana Thomas schreibt in ihrem Buch *Fashionopolis*, dass wir heute fünfmal mehr Kleidung als in den 1980er-Jahren kaufen. Das sind etwa 68 Kleidungsstücke pro Jahr. Ganz vorn auf der Konsumliste stehen die Briten.

Bestandsaufnahme

Nimm den Inhalt deines Kleiderschranks einmal genau unter die Lupe. Wahrscheinlich wirst du überrascht sein. Kleidung im Wert von fast 35 Milliarden Euro hängt ungenutzt in unseren Schränken – was für eine Geldverschwendung! Und was wir benutzen, tragen wir durchschnittlich ganze siebenmal, bevor wir es wegwerfen. Im Grunde sind wir mit unserer Kleidung nie zufrieden. Die Industrie suggeriert uns, dass der Weg zur Zufriedenheit darin besteht, immer Neues zu kaufen.

In ihrem Buch *Fashionopolis* schreibt Dana Thomas, dass wir heute fünfmal mehr Kleidung kaufen als in den 1980er-Jahren.

> Wer seine Kleidung wirklich schätzt, nimmt sich die Zeit, sie zu reparieren oder aufzupeppen, und wird sie danach umso lieber tragen.

Gegen den Trend

Wie wäre es, mit dem zufrieden zu sein, was du hast? Dieses Buch will dir helfen, wieder eine gesunde Beziehung zu deinem Kleiderschrank zu bekommen. Das ist schwierig, wenn sich sein Inhalt so schnell ändert wie der des Kühlschranks. Schau, was du hast, bevor du etwas Neues kaufst. Nimm dir dafür Zeit und mach dir Gedanken. So geht Beziehungsarbeit!

Was muss repariert werden?

Sortiere aus, was du nicht mehr trägst, und überlege, warum das so ist. Manche Probleme sind offensichtlich, etwa ein abgerissener Saum oder ein fehlender Knopf an einer auffälligen Stelle. Andere Kleidungsstücke hast du vielleicht nie so richtig gemocht.

Wenn du nicht genau weißt, warum du ein Kleidungsstück nicht trägst, brauchst du vielleicht etwas kreativen Input. Schau dir die Vorschläge in diesem Buch an. Manchmal genügt es schon, die Knöpfe auszutauschen, Taschen aufzusetzen oder die Ärmel herauszutrennen. Alles, was du wissen musst, um solche Änderungen vorzunehmen, findest du in diesem Buch.

Keine Vorkenntnisse nötig

Du hast noch nie genäht? Das macht nichts: Wir fangen ganz vorn an. Zuerst lernst du die wichtigsten Werkzeuge kennen. Danach werden verschiedene Techniken zum Reparieren und Upcyceln von Kleidungsstücken Schritt für Schritt erklärt und mit Abbildungen veranschaulicht. Eine Nähmaschine brauchst du nicht unbedingt, kann aber hilfreich sein. Und wer keine Erfahrung im Umgang mit der Nähmaschine hat, findet in diesem Buch hilfreiche Tipps.

Zufriedenheitsgarantie

Wenn deine erste Reparatur gelungen ist, kannst du dir andere Kleidungsstücke vornehmen. Oft kostet es gar nicht viel Zeit und Mühe, ein Kleidungsstück zu verschönern, aber anschließend wirst du es umso mehr schätzen und vor allen Dingen lieber tragen. Das Reparieren, Nähen und Upcyceln zu lernen macht übrigens auch zufrieden.

Und es gibt noch mehr zu lernen. Lies auch die Kapitel über die richtige Pflege und Aufbewahrung von Kleidung genau, damit du an deinen neuen Lieblingsstücken länger Freude hast.

Worauf wartest du? Leg los, aber lass dir Zeit dabei!

Vorsicht: Fast Fashion

Menschen und Umwelt zahlen für Fast Fashion einen hohen Preis. Daran können wir durch unser Konsumverhalten etwas ändern. Schauen wir uns die unwiderstehlich billigen T-Shirts einmal genauer an.

Als Fast Fashion bezeichnet man all die billigen Kleidungsstücke, die in Windeseile für den Massenmarkt produziert werden. Sie sind cool, sie sind niedlich, sie kosten wenig, und jedes Mal, wenn man ins Geschäft kommt, hängt etwas Neues auf den Ständern. Ständig bringen die Hersteller auf den Markt, was gerade angesagt ist oder was angesagte Promis tragen. Diese schnelle Produktion ist aber alles andere als nachhaltig. Tatsächlich sollte Kleidung nicht so billig sein.

Nur 2 Prozent der Arbeitskräfte in der weltweiten Textilindustrie verdienen einen existenzsichernden Lohn – das kommt moderner Sklaverei gleich.

Wer zahlt den Preis?

Wie kann es angehen, dass wir Verbraucher so wenig zahlen? Teilweise liegt es daran, dass Stoffe und Verarbeitung minderwertig sind. Außerdem bekommen die Arbeitskräfte in der Textilindustrie sehr geringe Löhne, und ihre Arbeitsbedingungen sind schlecht. Wenn über das Problem Fast Fashion berichtet wird, sieht man meist Bilder erschöpfter Arbeitskräfte, die an Nähmaschinen sitzen. Beginnen wir also mit diesem Problem.

Der Faktor Mensch

Am 24. April 2013 stürzte in Bangladesch ein achtstöckiges Betongebäude namens Rana Plaza ein. Darin befanden sich mehrere Nähereien von Fast-Fashion-Anbietern. Ursache für den Einsturz waren Mängel an der Bausubstanz. 1134 Arbeitskräfte kamen ums Leben, weitere 2500 wurden verletzt. Schlechte Arbeitsbedingungen und mangelhafte Sicherheitsvorkehrungen herrschen in vielen solchen Fabriken, und das tragische Unglück in Bangladesch ist bei Weitem nicht das einzige.

Textilarbeiter werden missachtet und unterbewertet. In der Textilindustrie arbeiten weltweit rund 40 Millionen Menschen, aber nur 2 Prozent verdienen einen existenzsichernden Lohn – das kommt moderner Sklaverei gleich. Wer sich gewerkschaftlich organisiert und sich für Verbesserungen der Sicherheit, der Arbeitsbedingungen, der Löhne, der Lohnfortzahlung im Krankheitsfall und der Arbeitsplatzsicherheit einsetzt, muss befürchten, seinen Arbeitsplatz zu verlieren. Selbst Gewalttaten sind dokumentiert.

Fehler im System

Ursache dieser Arbeitsbedingungen ist aber nicht nur das Profitstreben der Fabrikbesitzer. Die Arbeiter und ihre Familien sitzen in der Armutsfalle, weil eine Lohnerhöhung für die Fabrik höhere Kosten mit sich bringt. Das bewirkt häufig, dass die Fabrik einen Auftrag an eine andere verliert, die ein niedrigeres Angebot auf die Ausschreibung der Modemarke abgegeben hat.

Das Problem liegt also im System. Den Modemarken geht es darum, die Produktionskosten ihrer Waren möglichst gering zu halten, und wir Verbraucher haben uns an die billigen Preise gewöhnt. Eine Lösung ist nur in gemeinsamer Verantwortung möglich.

Jeans im »Destroyed Look« werden sandgestrahlt, geschliffen oder mit Chemikalien behandelt, und schlecht geschützte Arbeitskräfte atmen die Staubpartikel und Dämpfe tagtäglich ein.

Für jedes einzelne Stück Fast Fashion sind viele Produktionsschritte nötig. Ein Großteil der Arbeiten wird schlecht bezahlt und die Arbeitsbedingungen sind oft ungesund. Glitzernde Pailletten auf Tops werden meist mühsam von Hand aufgenäht, oft von Kinderhänden. Jeans im »Destroyed Look« werden nur für die Optik sandgestrahlt, von Hand geschliffen oder mit Chemikalien behandelt, und schlecht geschützte Arbeitskräfte atmen die Staubpartikel und Dämpfe tagtäglich ein.

Folgen für die lokale Umwelt

Die Umweltbelastung wirkt sich auch auf die Menschen in den Produktionsländern aus, die nicht in der Textilindustrie arbeiten. In trockenen Ländern, etwa im Nahen Osten und Indien, wird viel Wasser für den Anbau von Baumwolle verbraucht, das anderen Bevölkerungsschichten fehlt, und viele Textilfabriken leiten Abwässer, die mit giftigen Chemikalien belastet sind, in Flüsse und Seen ein.

Internationale Organisationen wie *Fair Trade Federation*, *Fashion Revolution* oder *TRAID* setzen sich für die Textilarbeiter ein und fordern Unternehmen und Regierungen auf, deren Menschenrechte zu schützen. Es ist ein sinnvoller erster Schritt, solche Organisationen zu unterstützen.

Die globalen Folgen

Es geht aber nicht nur um die Ausbeutung von Menschen. Studien belegen, dass die weltweite Textilindustrie im Hinblick auf die Umweltschädlichkeit an zweiter Stelle steht.

Bei der Herstellung von Stoffen und Kleidung entstehen Treibhausgase, sie sind die Ursache des drängendsten Problems unserer Zeit: des Klimawandels. Weltweit produziert die Modeindustrie 3,3 Milliarden Tonnen CO_2 pro Jahr – das entspricht fast dem CO_2-Fußabdruck der gesamten Europäischen Union.

Synthetik oder Naturfaser?

Hinzu kommt, dass viele Stoffe aus fossilen Brennstoffen produziert werden. Synthetikfasern wie Acryl, Polyester, Elastan, Lycra, Spandex und Nylon sind Kunststoffe, also Polymere, die aus Petroleum und anderen Nebenprodukten fossiler Brennstoffe gewonnen werden. In der Waschmaschine geben solche Stoffe winzige Kunststoffpartikel (Mikroplastik) ab, die in die Gewässer gelangen, von Fischen aufgenommen werden und so Eingang in unsere Nahrungskette finden.

Baumwolle gilt zwar als besonders nachhaltige Faser, geht aber weltweit mit einem dramatisch hohen Wasserverbrauch einher. Studien belegen, dass für die Produktion einer einzigen Jeans zwischen 7570 und 10000 Liter Wasser verbraucht werden.

Kostbares Wasser

Die Entnahme und Umleitung von Wasser zur Verwendung im Baumwollanbau ist in vielen Ländern, vor allem in Asien, ein massives Problem. In Indien, wo rund 1,38 Milliarden Menschen leben, hat nur ein kleiner Teil Zugang zu sauberem Wasser. Dennoch verbraucht die indische Baumwollindustrie jährlich eine Wassermenge, mit der 85 Prozent der Einwohner mit 100 Litern Wasser pro Tag versorgt werden könnten.

> Für die Produktion einer einzigen Jeans werden zwischen 7570 und 10000 Liter Wasser verbraucht.

Der Wasserverbrauch für den Anbau von Nutzpflanzen, besonders Baumwolle, führt zur Versteppung mancher Gebiete. Der Aralsee an der Grenze zwischen Kasachstan und Usbekistan war 1960 der größte Binnensee der Welt. Er wird in erschreckendem Maß kleiner. Fischfang ist kaum noch möglich, und was vom See übrig bleibt, wird zunehmend durch Düngemittel und Pestizide verschmutzt.

Produktion von Fasern

Überall dort, wo Naturfasern konventionell für die Textilproduktion angebaut werden, belasten Pestizide, Herbizide und Düngemittel die lokale Bevölkerung. Es lässt sich nicht verhindern, dass solche Stoffe auf angrenzende Felder und in Gewässer gelangen.

Auch für die Verarbeitung vieler Faserarten werden große Mengen an schädlichen Chemikalien eingesetzt. Regeneratfasern wie Viskose werden beispielsweise aus Holzpulpe gewonnen. Dafür müssen die harten Holzfasern in einem chemischen und mechanischen Verfahren mit Natriumhydroxid, Schwefelkohlenstoff, Ammoniak und anderen Chemikalien aufgeschlossen werden. So entsteht eine zähe Flüssigkeit, die dann mit Schwefelsäure zu Fäden gesponnen wird. Solche Chemikalien belasten die Umwelt und können bei den Arbeitskräften nachweislich Nervenschäden, Herzerkrankungen, geistigen Verfall und Schlaganfälle verursachen.

Für die Produktion solcher Regeneratfasern wurden Regenwälder gerodet, sodass einheimische Völker ihre Heimat und viele Arten ihren Lebensraum verloren haben. Uralte Wälder mussten weichen, um Platz für lukrative Bambusplantagen zur Produktion von Bambustextilien zu schaffen.

Abfall und Transport

Am Ende ihres kurzen Lebens wandern die billigen Textilien auf den Müll – in Deutschland etwa 390000 Tonnen jährlich. Synthetikfasern sind Kunststoffe, also nicht biologisch abbaubar. Naturfaserstoffe (Baumwolle, Wolle, Leinen, Hanf und Seide) sowie Regenerate (Viskose, Bambus, Lyocell, Modal und andere) sind zwar biologisch abbaubar, geben aber Giftstoffe aus Färbemittel und anderen Zusätzen ab.

Hinzu kommt das CO_2, das durch den weltweiten Transport von Fasern, Stoffen und fertiger Kleidung entsteht. Die meisten Kleidungsstücke legen Tausende Kilometer zurück, bevor sie im Geschäft ankommen.

Zukunftsziel Slow Fashion

Wir alle können Verantwortung übernehmen, indem wir uns für Slow Fashion entscheiden. Dazu gehört, das Leben der Kleidung, die wir besitzen, zu verlängern. Ihre negative Wirkung können wir nicht rückgängig machen, aber wir können sie reparieren, upcyceln und wertschätzen, damit wir länger Freude an ihr haben.

Die Basics

Der Nähkasten

Sets mit einer Grundausstattung an Nähutensilien kann man fertig kaufen, aber vielleicht hast du einige Teile schon. Auf den nächsten Seiten werden die wichtigsten Hilfsmittel zum Ausbessern mit der Hand vorgestellt.

Früher gab es in jedem Haushalt einen Nähkasten. Vielleicht kannst du dich an den Nähkasten deiner Großmutter oder einer älteren Tante erinnern. Es ist an der Zeit, dass du dir deinen eigenen Nähkasten zulegst, schließlich gehört es zum Erwachsenwerden, sich selbst um seine Kleidung zu kümmern. Wenn du dann ein Stück nach dem anderen reparierst oder verschönerst, wirst auch du allmählich Erinnerungen schaffen, zum Beispiel an deine Lieblingshose, deren Saum du ausgebessert hast. An die Jeans, die so toll sitzt und deren Stepperei du in Ordnung gebracht hast. Oder an den strategischen Blusenknopf, den du angenäht hast, damit der Ausschnitt nicht zu weit aufgeht. Schöne Erinnerungen, oder?

Tipp

Bewahre alle deine Nähutensilien zusammen in einer Schachtel oder einem Beutel auf. Dann hast du immer alles schnell zur Hand, wenn eine kleine Reparatur oder Änderung ansteht.

Maßband

Es gibt Maßbänder mit einem cleveren Aufrollmechanismus, aber ein ganz normales Maßband genügt vollkommen.

Markierwerkzeuge

Zum Anzeichnen von Markierungen auf Stoff gibt es verschiedene Hilfsmittel, von den guten alten Plättchen aus Schneiderkreide über Markierrädchen, die Striche aus Kreidepulver auf dem Stoff hinterlassen, bis zu Stiften, deren Striche von selbst wieder verschwinden oder leicht auswaschbar sind. Probiere einfach aus, womit du am liebsten arbeitest.

ZUM MESSEN UND ANZEICHNEN

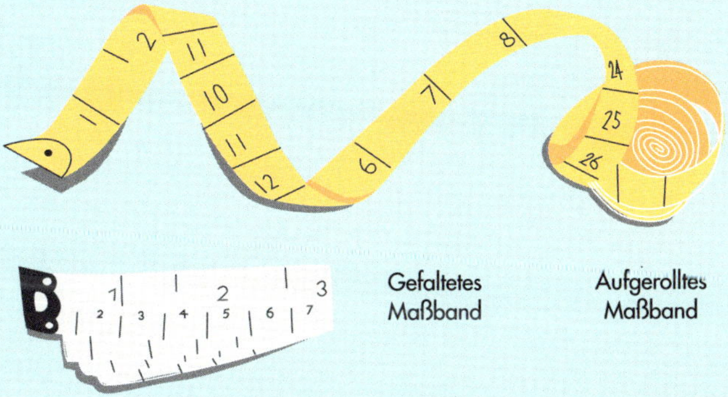

Gefaltetes Maßband

Aufgerolltes Maßband

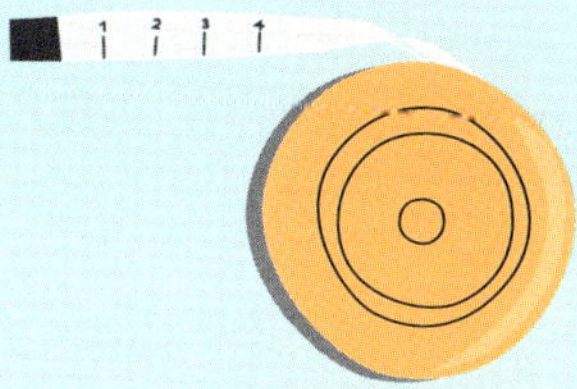

Maßband mit Aufrollmechanismus

Auswaschbarer Stift

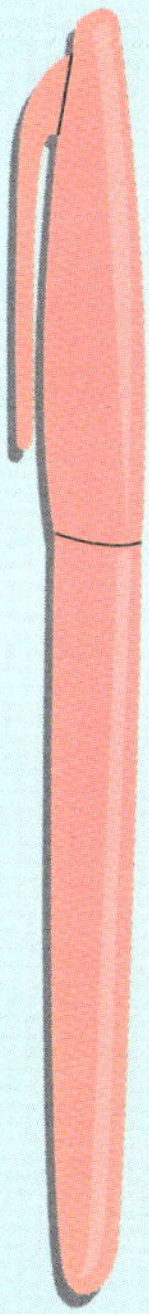

Selbstlöschender Textilstift

Kreidestift mit Bürste

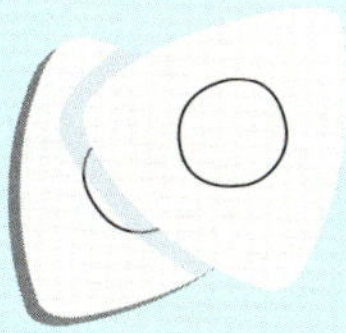

Schneiderkreide

ZUM NÄHEN, STECKEN UND SCHNEIDEN

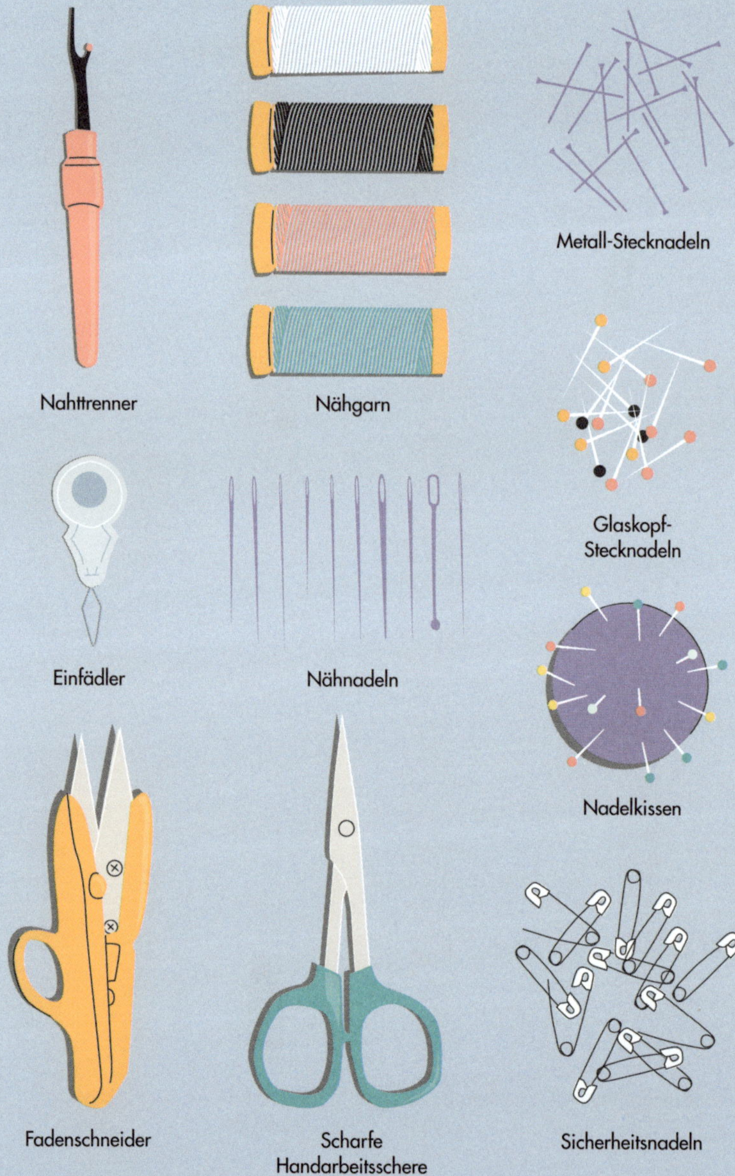

Nahttrenner

Dieses kleine Werkzeug mit einer scharfen Klinge und einer Schutzkappe wird auch Pfeiltrenner genannt. Es ist sehr praktisch, um Nähte oder einzelne Stiche aufzutrennen. Verwende dafür keine Schere, denn dabei ist die Gefahr groß, dass du Löcher in den Stoff schneidest.

Nähgarn

Kaufe dir Garn aus Polyester oder Baumwolle von renommierten Herstellern wie Gütermann, Mettler oder Coats. Billiges oder altes Nähgarn reißt leicht. Auch Garne in Komplettsets sind nicht immer von bester Qualität. Schaffe dir lieber ein kleines Garnsortiment in den Grundfarben an (Schwarz, Weiß, Dunkelblau, Rot, Grau und Creme). Weitere Farben kannst du später nachkaufen.

Einfädler

Mit diesem kleinen Hilfsmittel gelingt das Einfädeln auch ohne Lupe. Es ist besonders praktisch für Stickgarn oder andere mehrfädige Garne.

Nähnadeln

Kaufe dir am besten ein Set mit Nadeln in verschiedenen Größen, dann hast du für verschiedene Stoffstärken immer die richtige Nadel zur Hand.

Stecknadeln

Stecknadeln brauchst du, um Teile beim Reparieren an ihrem Platz zu halten, denn im Gegensatz zu einem Tintenfisch hast du ja nur zwei Hände. Stecknadeln mit bunten Köpfen sieht man besser, aber Kunststoffköpfe schmelzen, wenn man sie mit einem heißen Bügeleisen berührt. Zum Aufbewahren der Stecknadeln während der Arbeit ist ein Nadelkissen sehr hilfreich.

Sicherheitsnadeln

Lege dir gleich mehrere in verschiedenen Größen zu. Wenn du sie zum Fixieren von Stoffteilen verwendest, besteht keine Gefahr, dass du dich an ihnen stichst. Außerdem brauchst du sie, um Gummiband durch einen Tunnel zu ziehen, etwa am Taillenbündchen oder Ärmelabschluss.

Kleine, scharfe Handarbeitsschere oder Fadenschneider

Nähsets enthalten nicht immer eine hochwertige Schere, aber ohne kommst du definitiv nicht aus. Fadenschneider kosten nicht viel, und notfalls genügt sogar eine scharfe Nagelschere. Wichtig ist nur, dass sie eine schmale Spitze hat, mit der man präzise schneiden kann.

Noch mehr nützliches Zubehör

Wer anspruchsvollere Reparaturen plant oder Wert auf eine professionelle Verarbeitung legt, braucht etwas mehr Zubehör. Für viele Arbeiten sind außerdem »Kurzwaren« erforderlich, beispielsweise Bänder, Borten, Knöpfe oder andere Verschlüsse.

Das nächste Level hast du erreicht, wenn deine Ausrüstung zu groß wird, um sie in einer Keksdose aufzubewahren. Es gibt einige Werkzeuge, mit denen Reparaturen und Änderungen einfach flotter von der Hand gehen oder die das Spektrum der Projekte, an die du dich wagen kannst, vergrößern. Welche Utensilien du dir anschaffst, hängt von deinem Stil und deinen kreativen Ideen ab.

Schneiderschere

Für Arbeiten, bei denen du Stoff schneiden musst, brauchst du eine gute Schneiderschere – zum Beispiel zum Kürzen von Säumen oder zum Zuschneiden von Flicken. Eine Zackenschere verhindert, dass die Schnittkanten ausfransen. Verwende diese Scheren ausschließlich für Stoff. Wenn du damit Papier oder andere Materialien schneidest, werden sie schnell stumpf. Dann schneiden sie Stoff schlecht und können ihn sogar beschädigen.

Bügeleisen

Ein Bügeleisen gibt es in den meisten Haushalten. Auch beim Nähen ist es nützlich, zum Beispiel beim Aufsetzen von Flicken und Taschen oder zum Verarbeiten von Bügeleinlage. Achte darauf, dass die Bügelsohle immer sauber ist.

Nähmaschine

Mit einer Nähmaschine gelingen viele Arbeiten schneller und sauberer. Tipps zum Umgang mit der Nähmaschine findest du auf Seite 26–29.

Bügelbrett

Ein Bügelbrett braucht man selbstverständlich zum Bügeln, aber es kann auch als praktische Arbeitsfläche dienen, um Nähprojekte während der Arbeit darauf abzulegen. Ersatzweise genügt eine hitzebeständige Fläche, etwa eine Küchenarbeitsplatte, auf die du ein sauberes Frotteehandtuch legst.

WERKZEUGE FÜR ANSPRUCHSVOLLERE PROJEKTE

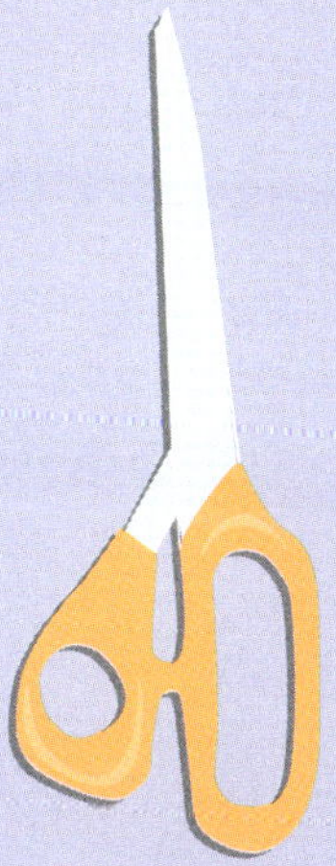

Schneider-
schere

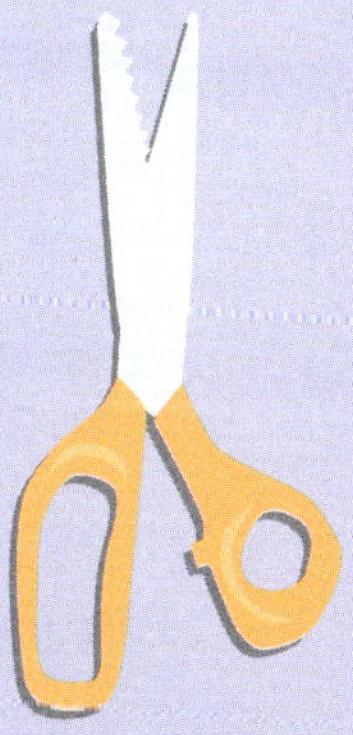

Zacken-
schere

Tipp

Wenn du dir gute Scheren für Stoff kaufst, kennzeichne sie deutlich, damit niemand sie für andere Materialien benutzt.

Bügeleisen

Nähmaschine

Bügelbrett

NÜTZLICHE KURZWAREN

Stoffreste

Tipp

Flicken zum Aufbügeln fangen nach einigen Wäschen an, sich zu lösen. Am besten nähst du die Ränder gleich nach dem Aufbügeln auf dem Untergrund fest.

Knöpfe

Bügeleinlage

Gummiband

Schrägband

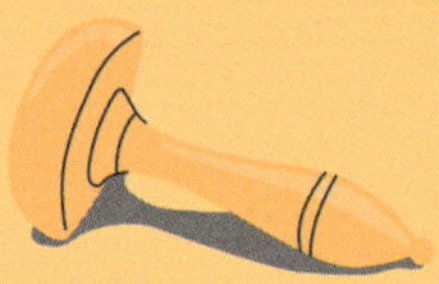

Stopfpilz

Stopfgarn

Stoffreste

Für Flicken und Taschen, zum Verlängern von Säumen oder zum Verstärken abgenutzter Stellen kannst du Stoffreste gut gebrauchen. Sammle Kleidungsstücke, die sich nicht mehr reparieren lassen. Besonders praktisch sind Jeans, T-Shirts und gewebter Baumwollstoff (zum Beispiel alte Herrenhemden).

Knöpfe

Manchmal muss ein einzelner Knopf ersetzt werden, manchmal möchte man alle Knöpfe austauschen, damit ein altes Stück »wie neu« aussieht. Schneide die Knöpfe von alten Kleidungsstücken ab, und bewahre unbedingt die Reserveknöpfe auf, die du im Inneren neuer Kleidung findest.

Schrägband

Dieses vorgefalzte Band kann man in mehreren Breiten und vielen Farben als Meterware oder abgepackt kaufen. Es wird verwendet, um Schnittkanten von Stoff oder abgenutzte Ränder von Kleidungsstücken einzufassen. Am besten kaufst du es gezielt für ein Projekt.

Bügelflicken

Mit fertigen Flicken zum Aufbügeln lassen sich Löcher oder Flecken im Handumdrehen kaschieren. Es kann nicht schaden, einen kleinen Vorrat im Haus zu haben.

Bügeleinlage

Dieses Vliesmaterial gibt es in Weiß und Schwarz in verschiedenen Stärken. Es wird verwendet, um Stoffe zu versteifen. Dünne Bügeleinlage eignet sich für leichte Blusenstoffe, dickere für kräftige Stoffe wie Denim. Eine Seite ist mit einer Beschichtung versehen, die beim Bügeln schmilzt, sodass das Vlies am Stoff klebt. Lege immer ein Bügeltuch unter und ein weiteres auf den Stoff (siehe Seite 49), damit keine geschmolzene Beschichtung auf das Bügelbrett oder die Sohle des Bügeleisens gelangt.

Gummiband

Gummibänder kann man in vielen Arten, Breiten und Farben kaufen. Kaufe am besten jeweils das Gummiband, das du für ein bestimmtes Projekt brauchst. Da fast immer Reste übrig bleiben, sammelt sich so von ganz allein ein Vorrat für spätere Nähvorhaben an.

Stopfpilz

Dieses nützliche Werkzeug hat eine gewölbte, feste und glatte Oberfläche, die beim Stopfen unter die schadhafte Stelle geschoben wird. So ist das Loch besser zu sehen und lässt sich leichter reparieren. Ersatzweise kannst du den Boden eines Trinkglases oder eine Orange verwenden.

Stopfgarn

Stopfgarn (Twist) aus Baumwolle oder Wolle gibt es in vielen Farben für wenig Geld zu kaufen. Entscheide selbst, ob du Schäden dezent mit farblich passendem Garn reparieren oder lieber eine auffällige Kontrastfarbe verwenden möchtest.

Kleidung reparieren

Warum reparieren?

Unsere Kleidung leistet viel. Sie hält uns warm, sieht gut aus und verrät eine Menge über unsere Persönlichkeit. Sind wir es ihr nicht schuldig, zu Nadel und Faden zu greifen, wenn sie mit der Zeit Gebrauchsspuren bekommt?

Beim Reparieren geht es nicht nur um praktische Nähtechniken, sondern auch um die Einstellung. Vielleicht ist dir der Gedanke unheimlich, Lieblingsstücken mit Nadel und Faden (und erst recht mit der Schere) zu Leibe zu rücken? Dann solltest du dir bewusst machen, dass du mit jeder Reparatur das Leben des Kleidungsstücks verlängerst. Du kannst es weiterhin tragen, und das ist auf jeden Fall eine gute Sache. Schon durch den kleinsten Versuch, Kleidung länger nutzen zu können, leistest du einen aktiven Beitrag zur Slow-Fashion-Bewegung. Glückwunsch!

> Jede Reparatur, die das Leben eines Kleidungsstücks verlängert, ist ein Schritt in die richtige Richtung.

Dezent oder auffällig?

Eine Reparatur kann so unauffällig ausgeführt werden, dass man sie mit bloßem Auge kaum erkennt. Sie kann aber auch ein ganz bewusst eingesetzter Eyecatcher sein. Unter *#visiblemending* kannst du dir das Spektrum der Möglichkeiten ansehen. Viele teilen hier Bilder von Reparaturen, die von der Geschichte ihrer Kleidung erzählen, statt sie zu verstecken.

Die Rolle, die ein Kleidungsstück für die Garderobe und den persönlichen Stil spielt, beeinflusst meist die Art, wie man bestimmte Reparaturen anpackt. Eine gelun-

> Wenn du eine neue Technik noch nicht sicher beherrschst, probiere sie zuerst auf einem Stoffrest aus.

gene Reparatur muss weder perfekt noch superordentlich aussehen. Trotzdem ist es sinnvoll, einige Grundregeln zu beherzigen (siehe rechts), damit sich die Mühe lohnt.

Üben und ausprobieren

In diesem Buch lernst du Techniken kennen, mit denen du die meisten Reparaturen in Angriff nehmen kannst. Mit der Zeit werden an deiner Kleidung verschiedene Probleme auftauchen. Dann kannst du die Techniken anwenden und dich allmählich mit ihnen vertraut machen. Wahrscheinlich werden dir manche leicht von der Hand gehen, während du bei anderen mehrere Anläufe brauchst, bis du mit dem Ergebnis wirklich zufrieden bist.

Alle Techniken eignen sich für Anfänger. Für viele Probleme gibt es mehrere Lösungsmöglichkeiten. Probiere Methoden aus, wandele sie ab oder erfinde eigene. Hauptsache, du hast Spaß dabei!

Grundregeln für erfolgreiches Reparieren:

- Wenn dir ein Schaden auffällt, trage das Kleidungsstück nicht mehr und wasche es auch nicht. Durch das Tragen und Waschen kann sich der Schaden vergrößern, und dann wird die Reparatur umso schwieriger.
- Versuche nicht, ein Kleidungsstück zu auszubessern, während du es trägst. Damit die Reparatur gelingt, musst du das Kleidungsstück flach ausbreiten, sodass du dir den Schaden genau ansehen kannst.
- Arbeite immer bei gutem Licht. Vor allem dunkle Textilien lassen sich bei schwachem Licht oder Kunstlicht schlecht verarbeiten.
- Wenn du eine neue Technik noch nicht sicher beherrschst, probiere sie zuerst auf einem Stoffrest aus. Lass dir ruhig Zeit, hier geht es schließlich um Slow Fashion.
- Nimm dir nur Arbeiten vor, die du sicher bewerkstelligen kannst. Kleidung aus sehr dünnen, elastischen oder leicht ausfransenden Stoffen solltest du lieber in eine Änderungsschneiderei bringen. Frage beim Abholen aber ruhig genau nach, wie die Reparatur ausgeführt wurde. Vielleicht kannst du es dann beim nächsten Mal selbst versuchen.

Umgang mit der Nähmaschine

Mit einer Nähmaschine lassen sich Reparaturen schnell und sauber erledigen. Vergiss schlechte Erinnerungen an den Handarbeitsunterricht in der Schule. Wenn du eine Nähmaschine hast (oder ausleihen kannst), solltest du dich mit ihr anfreunden!

Zuerst musst du dich mit einigen Grundfunktionen vertraut machen: Aufspulen, Einfädeln, Einstellen der richtigen Stichlänge und -breite und das Auflegen des Werkstücks vor dem Nähen. Wenn dir die Maschine nicht gehört und dir niemand die Funktionen erklären kann, lies dir durch, was zu diesen Schritten in der Bedienungsanleitung steht. Falls keine Bedienungsanleitung vorhanden ist, gib Hersteller und Modell der Maschine in eine Suchmaschine ein: Die meisten Handbücher kann man als PDF herunterladen, manche Hersteller bieten auch Video-Tutorials an.

Wenn du die Grundfunktionen kennst, schau dir noch die folgenden Tipps an. Damit kommst du dem Näherfolg noch ein gutes Stück näher.

Tipp 1: Neue Nadel!

Kaufe ein neues Päckchen Maschinennadeln in mehreren Größen (zum Beispiel von 70 bis 100). Für die meisten Maschinen passen Universalnadeln, nur für wenige (meist ältere) Modelle braucht man andere Nadeln. Der Nadeltyp muss zum Stoff passen. Universalnadeln eignen sich für gewebte Stoffe. Für Jersey und elastische Stoffe braucht man spezielle Nadeln mit runder Spitze.

Wechsle die Nadel häufig, denn eine stumpfe oder verbogene Nadel kann deinen Stoff beschädigen.

Tipp 2: Richtige Nadelstärke

Die Nadelstärke muss zur Dicke des Stoffs passen. Je dünner der Stoff, desto dünner die Nadel (und desto niedriger die Zahl, die ihre Stärke angibt).

Nadelstärke	Stoffart
60 und 70	Dünne Stoffe wie Baumwollbatist, Seide und Voile
80	Mittlere Stoffe wie Jersey, Popeline, Hemdenstoff und Leinen
90 und 100	Dicke Stoffe wie Drell, Denim und Cord

NÄHMASCHINE EINFÄDELN IN SECHS SCHRITTEN

NÄHMASCHINENNADELN

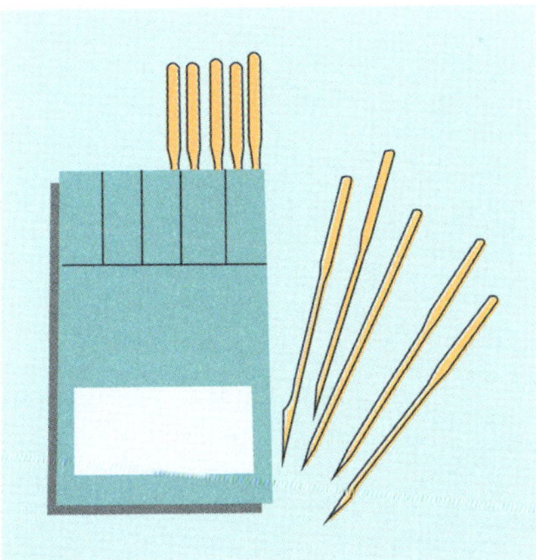

NADEL EINSETZEN

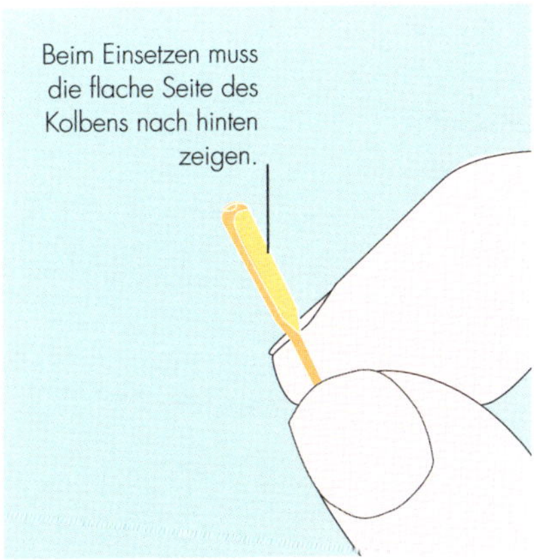

DIE FADENSPANNUNG

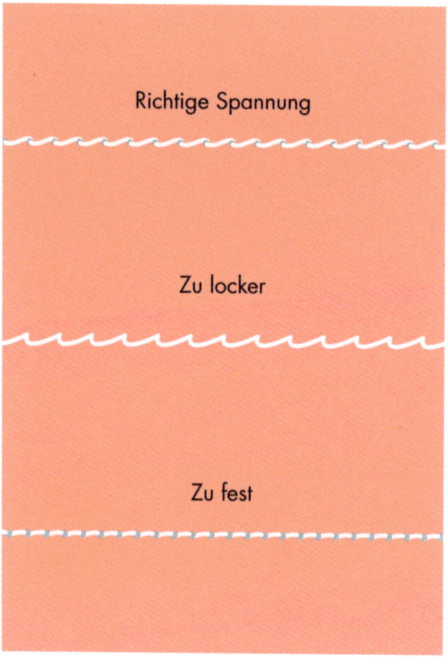

DIE DREI GRUNDSTICHE

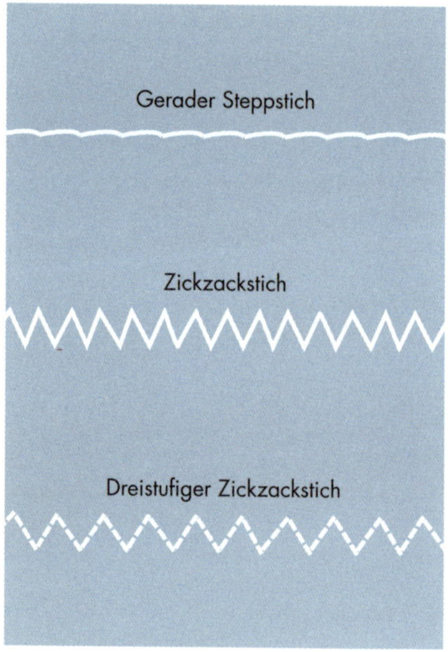

DIE NÄHMASCHINE KENNENLERNEN

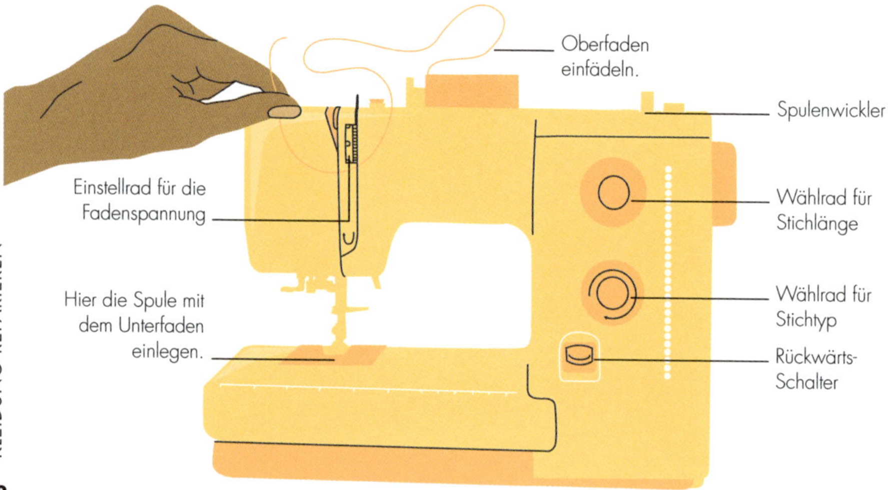

Tipp 3: Die ersten Stiche

Bereite zuerst die Maschine vor. Wickle eine Spule auf und setze sie ein. Fädele den Oberfaden ein und prüfe, ob die Fadenspannung richtig eingestellt ist. Nimm dabei ruhig das Handbuch oder Tutorials zu Hilfe. Nähe dann ein Stück auf einem Stoffrest, der dem Stoff des Kleidungsstücks, das du reparieren willst, in Art und Stärke möglichst ähnlich ist.

Stelle einen geraden Steppstich ein, nähe ein paar Linien und nimm den Stoff dann unter der Maschine heraus. Schau nach, ob die Stiche auf beiden Seiten gleich aussehen. Wenn die Fäden verheddert sind oder auf einer Seite Schlaufen bilden, nimm die Fäden aus der Maschine, setze die Spule wieder ein und fädele den Oberfaden neu ein. Vielleicht hast du beim Einfädeln nur eine Öse vergessen.

Tipp 4: Professionelle Wartung

Wenn du alles richtig gemacht hast und die Maschine trotzdem nicht richtig funktioniert, ist ein Fachmann gefragt. Vor allem ältere Maschinen müssen regelmäßig gewartet werden. Auch bei neueren Maschinen, die länger nicht benutzt wurden oder eine Störung haben, kann eine Inspektion in einem Fachgeschäft notwendig sein.

Tipp 5: Grundstiche lernen

Wenn die Maschine gut funktioniert, kannst du den geeigneten Stich für dein Projekt einstellen. Empfehlungen findest du in diesem Buch bei allen Reparaturtechniken. Besonders häufig werden der gerade Steppstich, der Zickzackstich und der dreistufige Zickzackstich gebraucht. Die Länge und Breite der Stiche lässt sich bei fast allen Nähmaschinen einstellen. Probiere den eingestellten Stich auf einem Stoffrest aus und nimm Änderungen der Einstellung vor, ehe du mit deiner eigentlichen Reparatur beginnst.

Tipp 6: Rückwärtsgang

Nähe am Anfang und Ende jeder Naht einige Stiche vorwärts, dann rückwärts und wieder vorwärts. Dadurch wird die Naht »verriegelt« und kann nicht so leicht von selbst wieder aufgehen.

Tipp

Der Faden lässt sich leichter einfädeln, wenn du sein Ende schräg abschneidest und ihn ganz nah am Ende festhältst, um ihn durch das Nadelöhr zu führen.

Einen Knopf annähen

Wenn es ums Nähen geht, hört man häufig: *»Ich kann nicht mal einen Knopf annähen!«* Dabei ist das wirklich nicht schwierig. Fünf Minuten Arbeit können verhindern, dass ein Knopf verloren geht und man das Kleidungsstück gar nicht mehr trägt.

Du brauchst: Nähnadel, Nähgarn, Knöpfe gleicher Größe, Schere/Fadenschneider

Tipp

Entferne zuerst alle Reste vom Faden, mit dem der vorherige Knopf an deinem Kleidungsstück festgenäht war.

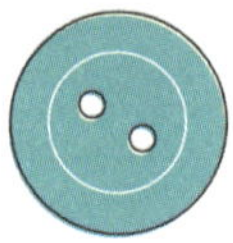

Knopf mit zwei Löchern

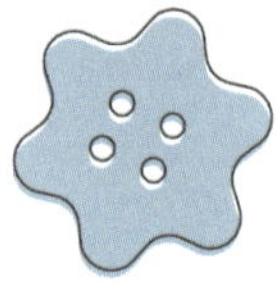

Knopf mit vier Löchern

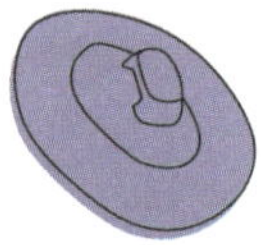

Knopf mit Schaft

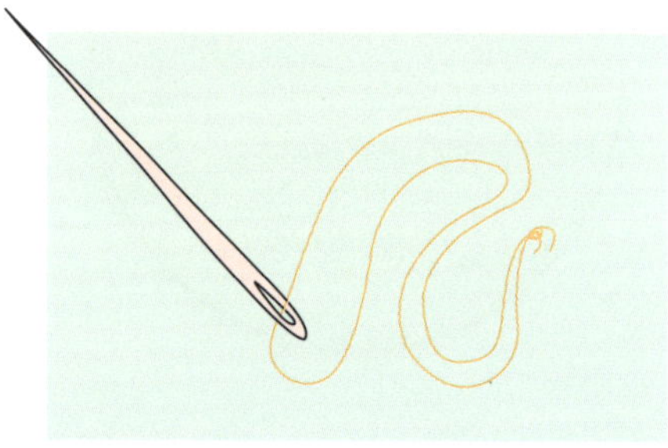

1 Einen ca. 50 cm langen Faden in die Nähnadel einfädeln. Beide Enden zusammen festhalten und einen Knoten binden. Darüber einen zweiten Knoten binden, damit er dicker wird. Du hast nun einen doppelten Faden. Beim Annähen spielt die Art des Knopfs eine Rolle.

EINEN KNOPF MIT LÖCHERN ANNÄHEN

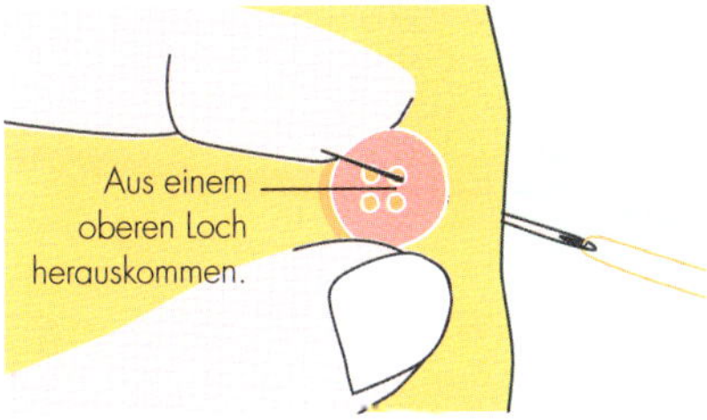

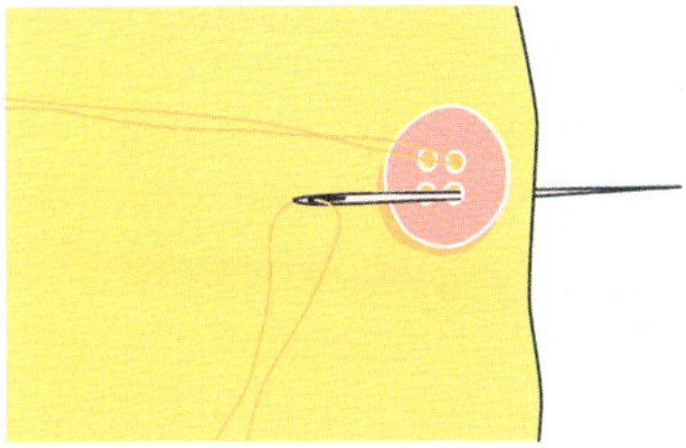

2a Von hinten durch den Stoff und eines der oberen Löcher im Knopf stechen. Den Knopf festhalten und den Faden ganz durchziehen.

3a Durch das darunterliegende Loch wieder einstechen und den Faden durchziehen. Schritt 2a und 3a drei- bis viermal wiederholen. Falls der Knopf vier Löcher hat, auch mit diesen Löchern wiederholen.

EINEN KNOPF MIT SCHAFT ANNÄHEN

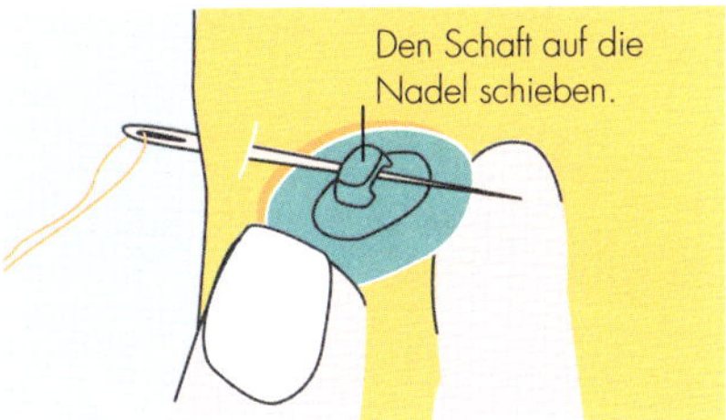

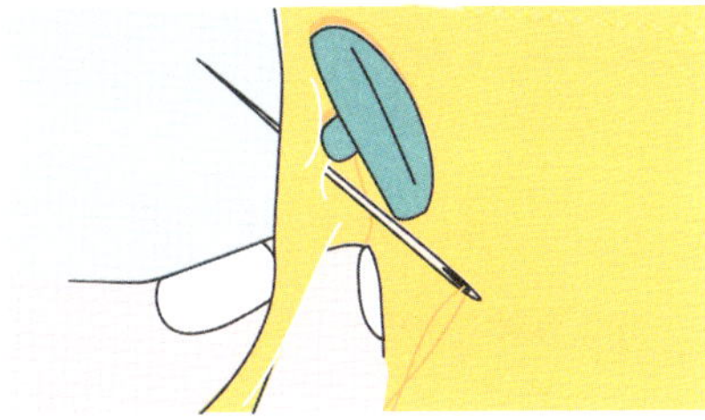

2b Von hinten durch den Stoff stechen, unter dem Schaft herauskommen. Den Knopf festhalten und den Faden ganz durchziehen.

3b Den Knopf flach auf den Stoff legen. Unter dem Schaft zur Rückseite des Stoffs stechen und den Faden ganz durchziehen. Schritt 2b und 3b drei- oder viermal wiederholen.

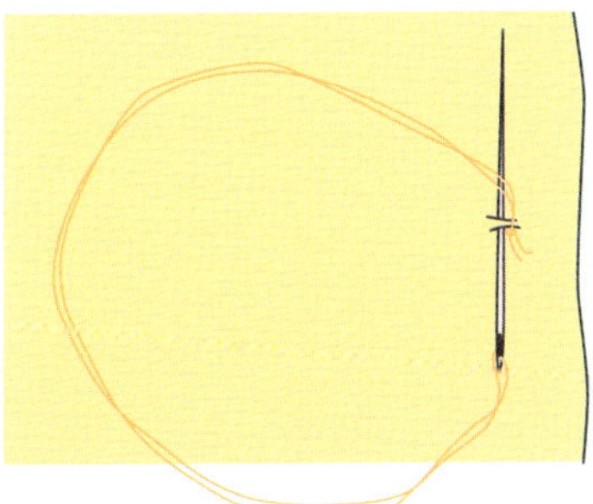

4 Das Kleidungsstück umdrehen. Nun sind die Stiche, mit denen der Knopf festgenäht wurde, zu sehen. Durch diese Stiche zwei kleine Stiche übereinander nähen. Den Faden gut festziehen und kurz abschneiden.

Ein Knopfloch reparieren

Wenn die Stiche eines Knopflochs beschädigt sind, kann das Knopfloch ausfransen. Das sieht unordentlich aus, und der Knopf lässt sich schlecht öffnen und schließen. Dieses Problem kannst du jedoch mit einigen wenigen Stichen zuverlässig beheben.

Du brauchst: Schere/Fadenschneider, Nähnadel, Nähgarn in passender Farbe

Linkshändig? Wer möchte, kann in entgegengesetzter Richtung arbeiten.

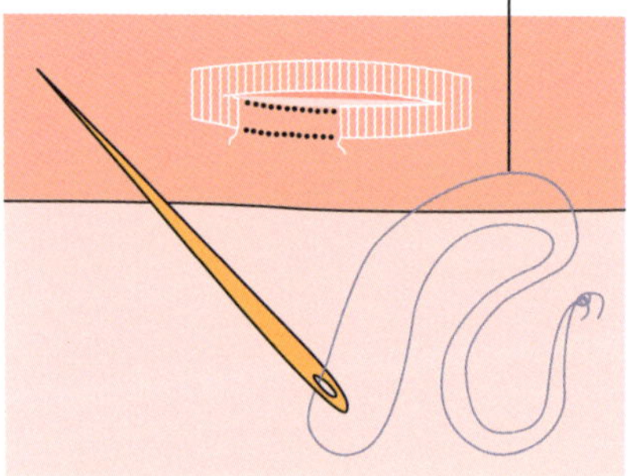

1 Zuerst die Fransen vom Knopfloch abschneiden und beschädigte Stiche entfernen. Dann das Garn in die Nähnadel einfädeln (siehe Seite 30, Einen Knopf annähen).

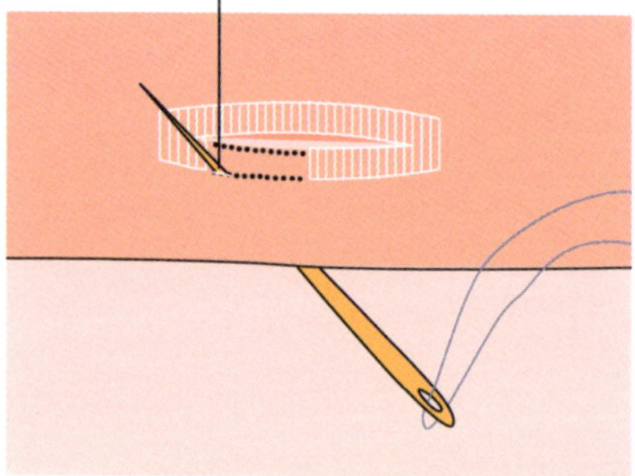

2 Die rechte Seite des Kleidungsstücks zeigt nach oben, das Knopfloch liegt quer. Von hinten durch den Stoff stechen und am unteren Rand der ursprünglichen Stiche herauskommen. Den Faden ganz durchziehen.

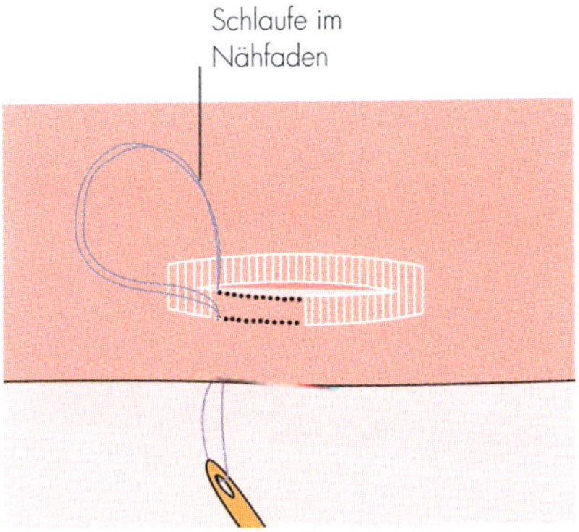

3 Mit der Nadel direkt über dem Ausstich durch den Schlitz des Knopflochs zur Rückseite durchstechen. Den Faden nur so weit durchziehen, dass noch eine kleine Schlaufe sichtbar bleibt.

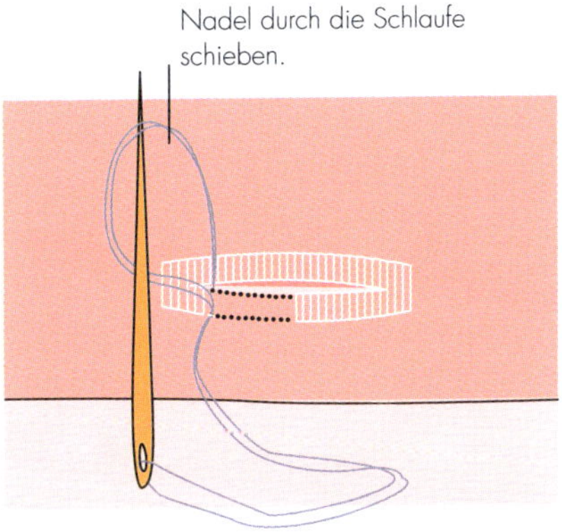

4 Mit der Nadel an derselben Stelle wie in Schritt 2 durch den Stoff nach oben ausstechen, dann die Nadel durch die Schlaufe aus Schritt 3 schieben. Den Faden ganz durchziehen.

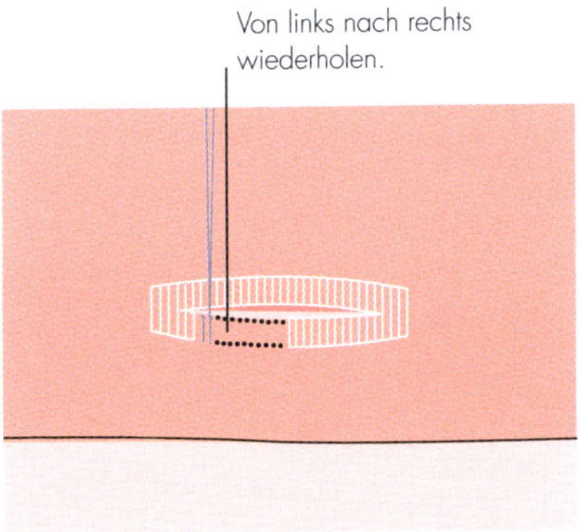

5 Wieder durch den Schlitz zur Rückseite stechen, dann dicht neben dem ersten Ausstich wieder nach oben ausstechen. Den Faden durchziehen, bis eine Schlaufe bleibt. Die Nadel durch die Schlaufe führen, dann den Faden festziehen.

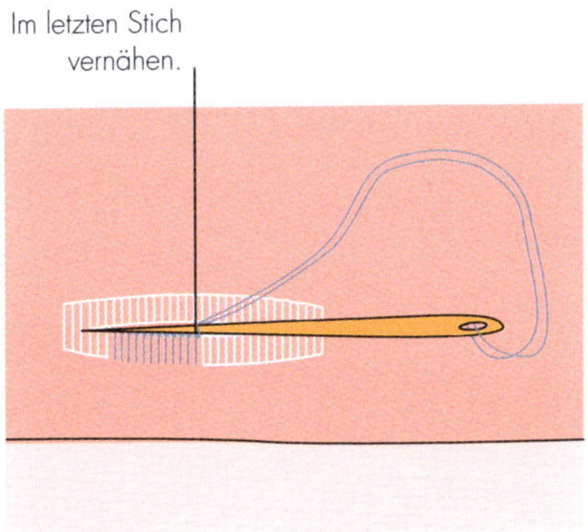

6 Schritt 5 stets wiederholen. Dabei rückt der Ausstich immer um ein kleines Stück nach rechts, bis der beschädigte Bereich ausgefüllt ist. Auf der Innenseite einen winzigen Stich durch den letzten Stich nähen. Faden festziehen und abschneiden.

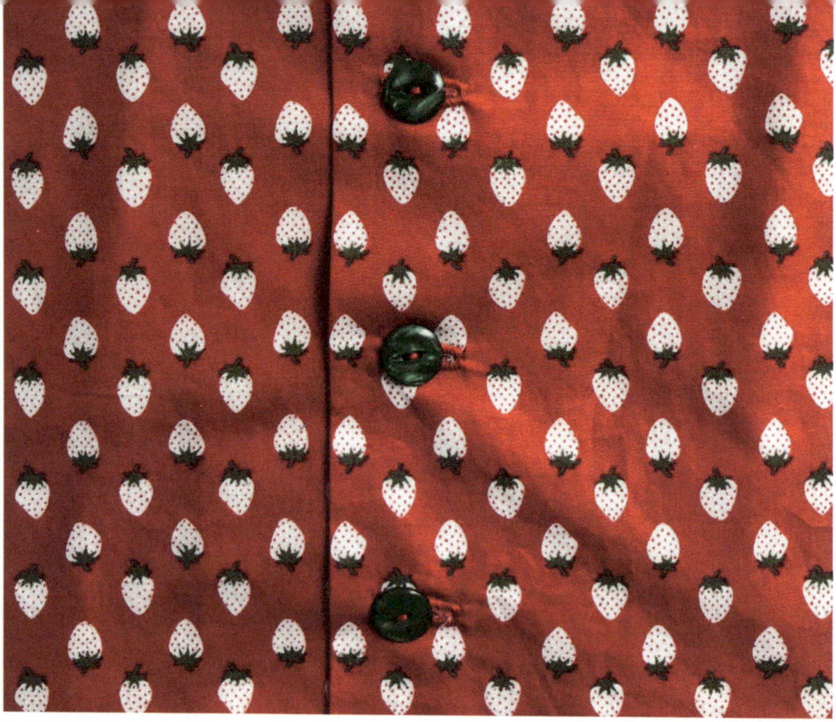

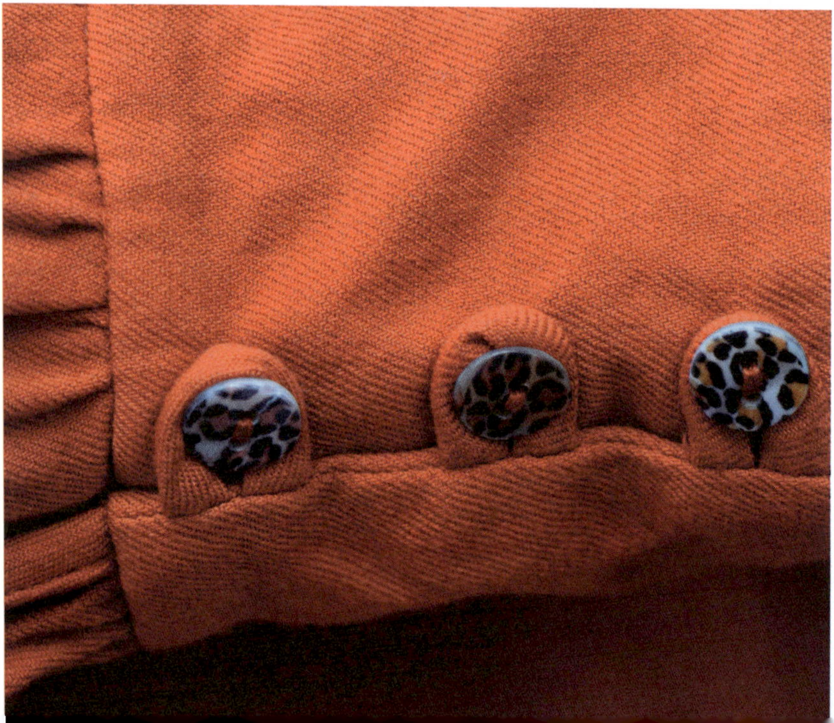

Knöpfe als Hingucker

MIT NEUEN KNÖPFEN SIEHT EIN KLEIDUNGSSTÜCK GANZ ANDERS AUS. WICHTIG: DIE NEUEN KNÖPFE MÜSSEN GENAUSO GROSS SEIN WIE DIE ALTEN!

Einen Saum reparieren

Es ist nicht schwierig, einen abgerissenen Saum zu reparieren. Wenn der alte Saum mit unauffälligen Stichen festgenäht war, wende die unsichtbare Methode an (siehe gegenüber). War er mit sichtbaren Stichen festgesteppt, nutze die sichtbare Methode (siehe Seite 38–39). Das Garn sollte farblich zum Stoff passen.

Du brauchst: **Unsichtbarer Saum:** Bügeleisen, Bügelbrett, Stecknadeln, Maßband, Nähnadel, Nähgarn in passender Farbe, Schere/Fadenschneider
Sichtbarer Saum: Schere/Fadenschneider, Stecknadeln (bei Bedarf), Nähnadel, Nähgarn in passender Farbe, Markierwerkzeug (bei Bedarf)

Linkshändig? Wer möchte, kann in entgegengesetzter Richtung arbeiten.

Tipp

Wenn ein langes Stück Saum abgerissen ist, empfiehlt es sich, mit Schneiderkreide oder einem Markierstift eine gerade Linie zu ziehen und sich beim Nähen an ihr zu orientieren.

Unsichtbarer Saum

Wenn die Stiche des ursprünglichen Saums kaum zu sehen waren, solltest du auch beim Ausbessern eine sehr unauffällige Methode anwenden.

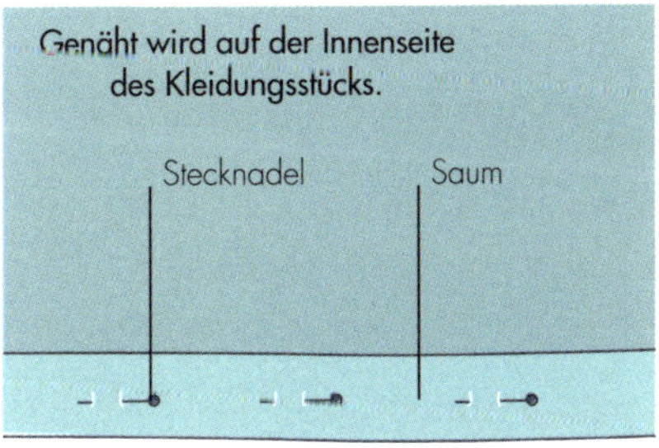

1 Den Stoff auf der ursprünglichen Saumlinie nach innen falten und die Kante bügeln. Den Saum feststecken. Die Nadeln waagerecht 1,5 cm unter der Innenkante des Saums einstecken, die Spitzen zeigen nach links.

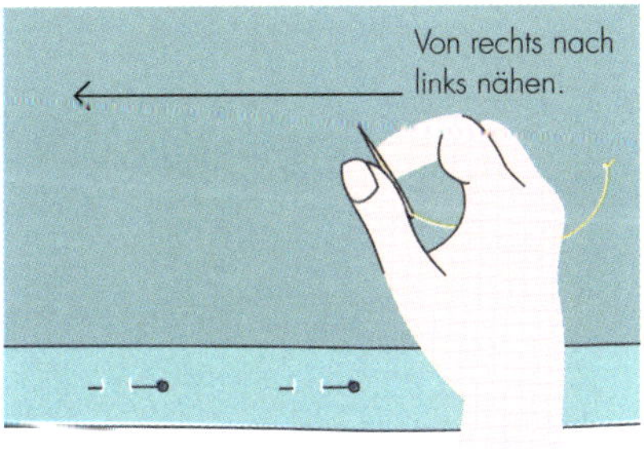

2 Einen einfachen Faden von höchstens 45 cm Länge in die Nähnadel einfädeln und einen Knoten ins Ende binden. Der Saum des Kleidungsstücks zeigt zu dir, genäht wird von rechts nach links.

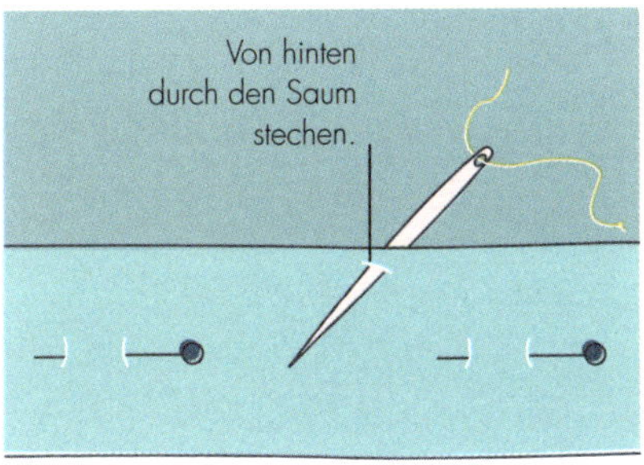

3 5 mm unter der Saumkante von hinten durch den Saum stechen. Den Faden durchziehen. Der Knoten liegt jetzt unter dem Saum.

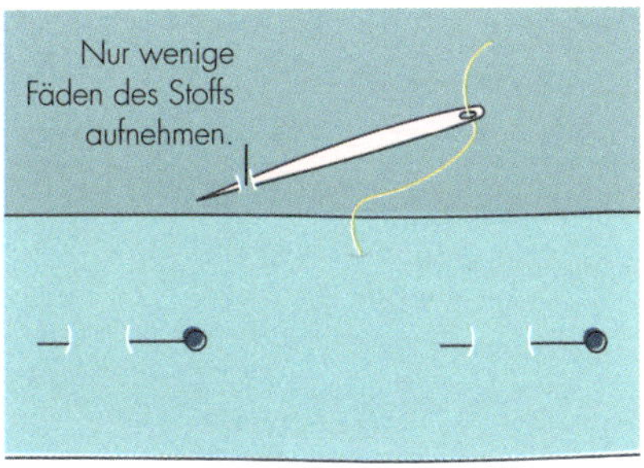

4 Einen maximal 1 cm langen Stich schräg nach links arbeiten. Oberhalb des Saums nur wenige Fäden aufnehmen. Den Faden durchziehen, aber nicht zu stramm. »

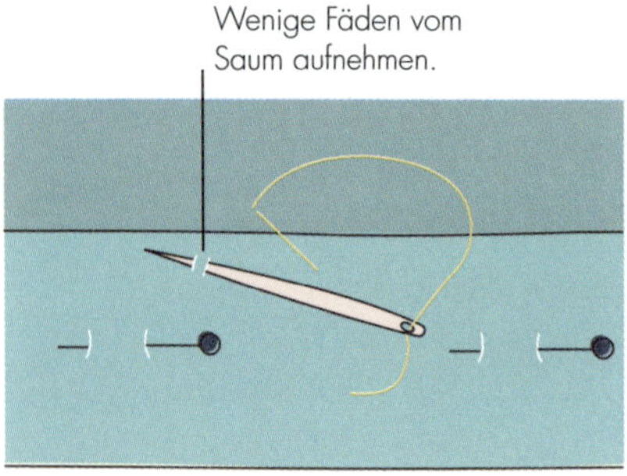

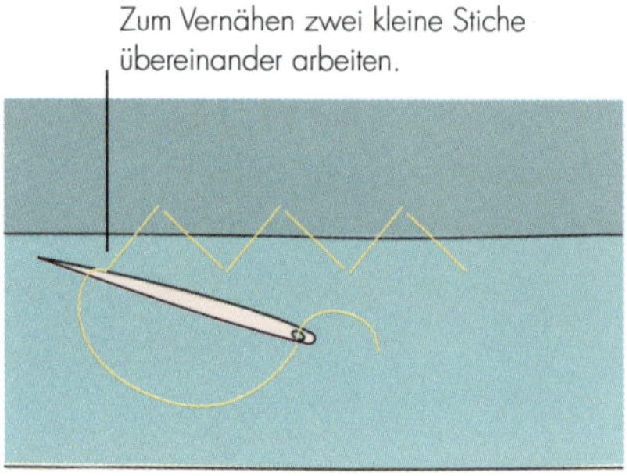

5 Jetzt maximal 1 cm schräg abwärts nach links stechen und vom eingeschlagenen Saum einige wenige Fäden aufnehmen. Den Faden durchziehen. Fortfahren, bis der ganze Saum wieder festgenäht ist.

6 Die Stecknadeln herausziehen und nur durch den Saumeinschlag zwei kleine Stiche übereinander nähen. Den Faden kurz abschneiden und den fertigen Saum noch einmal bügeln.

Sichtbarer Saum

Ein sichtbarer Saum ist noch einfacher zu reparieren. Dafür solltest du den Rückstich (auch Steppstich) lernen.

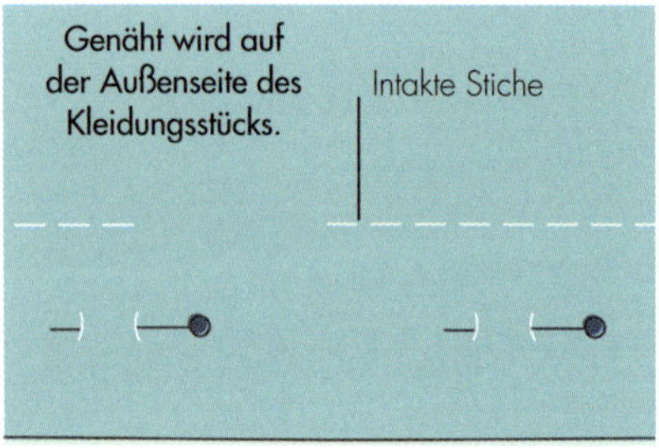

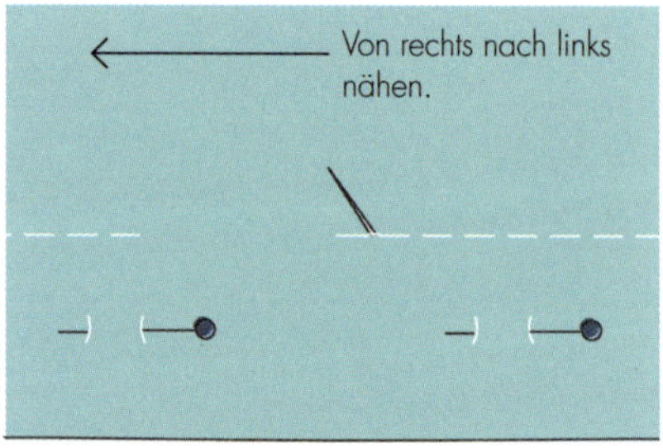

1 Zuerst Fadenreste aus dem beschädigten Bereich zupfen. Die Außenseite des Kleidungsstücks liegt oben. Den Saum einschlagen und bei Bedarf feststecken. Die Nadeln waagerecht einstecken.

2 Einen doppelten Faden einfädeln (siehe Seite 30, Einen Knopf annähen). Zwischen den letzten beiden intakten Stichen des Saums nach oben stechen und den Faden ganz durchziehen.

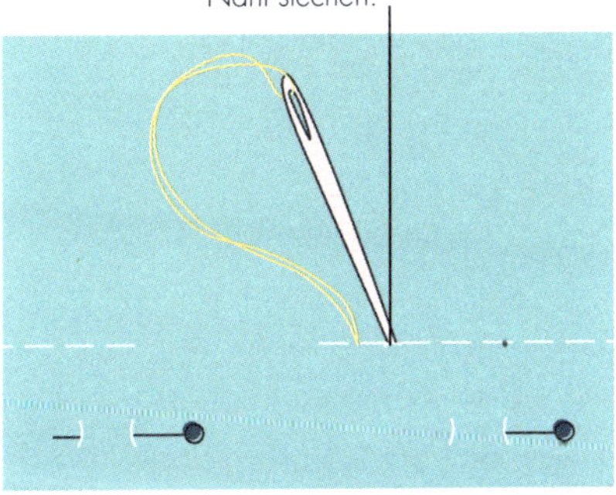

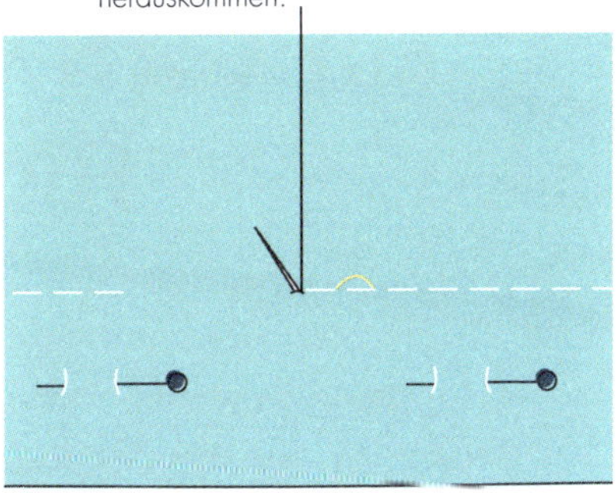

3 Nun rückwärts zwischen zwei Stichen der intakten Saumnaht zur Rückseite durchstechen. Den Faden ganz durchziehen. Dieser Stich sorgt dafür, dass die neue Naht nicht so leicht aufgeht.

4 Jetzt zwei Stichlängen weiter links im losen Bereich des Saums nach oben ausstechen. Den Faden ganz durchziehen. Eine Stichlänge weiter rechts (also rückwärts) wieder einstechen.

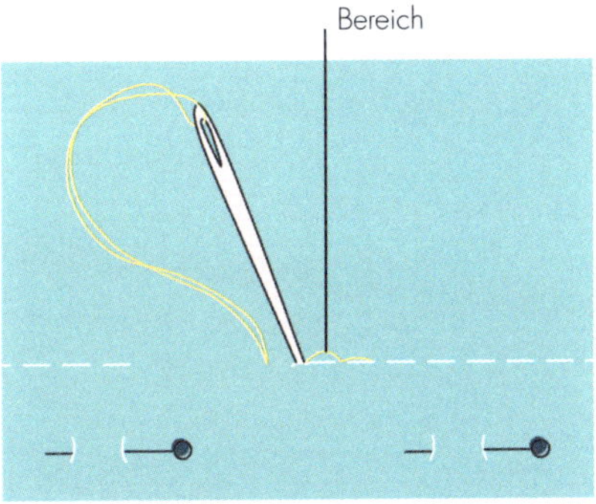

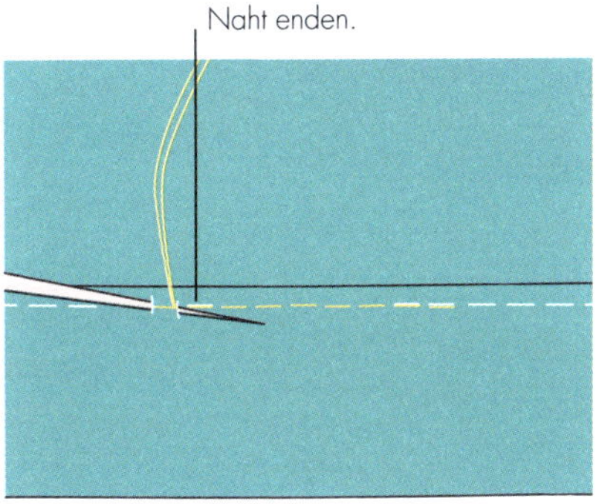

5 Die ersten beiden Stiche wurden auf den intakten Stichen genäht. Nun Schritt 4 wiederholen, also den losen Saum ebenso mit Rückstichen festnähen. Die Stiche sollen so lang sein wie in der ursprünglichen Saumnaht.

6 Die letzten beiden Stiche auf der intakten Naht am anderen Ende arbeiten. Dann die Stecknadeln entfernen und den Faden auf der Innenseite mit zwei kleinen Stichen übereinander sichern. Den Faden kurz abschneiden.

Ein Loch von außen flicken

Ein Loch kann man auch positiv sehen: als Chance für einen dezenten, dekorativen oder witzigen Flicken. Wer mag, verziert ihn danach noch mit Sashiko-Stickerei.

Wenn ein Flicken nicht ins Auge fallen soll, zum Beispiel hinten an einer Jeans, verwende Garn und Stoff in einer passenden Farbe. Für Knie, Ellenbogen oder andere Stellen kannst du auch einen ganz anderen Stoff wählen und diesen mit Garn in einer Kontrastfarbe festnähen.

Du brauchst: Maßband, Stoff für den Flicken, Markierwerkzeug, Schneiderschere, Bügeleisen, Bügelbrett, Sicherheitsnadeln (oder Stecknadeln, wenn der Stoff empfindlich ist), Nähnadel, Nähgarn (passend oder in Kontrastfarbe), Schere/Fadenschneider, Sashiko-Garn aus reiner Baumwolle (bei Bedarf)

Nähmaschine? Den Flicken vorbereiten und feststecken (Schritt 1–3), dann die Kante ringsherum mit breitem Zickzackstich feststeppen.

Linkshändig? Wer möchte, kann in entgegengesetzter Richtung arbeiten.

Tipp

Art und Stärke des Flickens sollten dem Stoff deines Kleidungsstücks ähneln. Ein dicht gewebter, nicht dehnbarer Stoff eignet sich zum Flicken am besten.

1 Zuerst Form und Lage des Lochs (oder der Löcher) untersuchen und prüfen, ob der Stoff in der Umgebung geschwächt ist. Die Form des Flickens festlegen. Für Anfänger empfiehlt sich ein einfaches Viereck.

2 Länge und Breite des Flickens ausmessen. Er muss das ganze Loch und eventuell die geschwächte Umgebung abdecken. An jeder Seite 2,5 cm zugeben. Dieses Viereck auf dem Flickstoff anzeichnen. Der Flicken darf auch größer sein.

3 Den Flicken sorgfältig zuschneiden. Auf das Bügelbrett legen (rechte Stoffseite zeigt nach unten) und alle vier Kanten 1 cm nach links umbügeln.

4 Den Flicken mittig auf den beschädigten Bereich legen und feststecken. Einen 1 m langen Faden einfädeln (siehe Seite 30, Schritt 1), um mit doppeltem Faden zu nähen. »

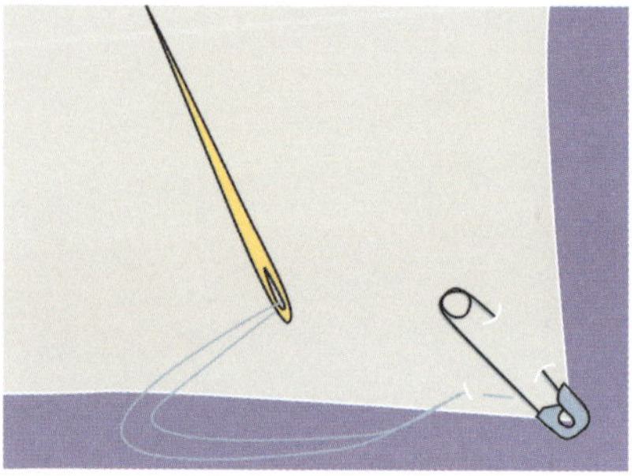

5 An einer Ecke beginnen. Mit der Nadel 5 mm innerhalb der Kante des Flickens nach oben stechen, dann 5 mm weiter links wieder zur Rückseite stechen. Fortlaufend wiederholen.

6 Schritt 5 wiederholen, bis der ganze Flicken festgenäht ist. Die Stiche und ihre Abstände sind immer 5 mm groß und ihr Abstand zur Kante des Flickens beträgt ebenfalls 5 mm. Den Faden mit zwei kleinen Stichen auf der Rückseite vernähen.

Sashiko-Stickerei

Diese Stickerei sieht hübsch aus und verstärkt den Flicken.

Tipp

Statt Sashiko-Garn kannst du zwei Nähgarnfäden einfädeln und alle Enden verknoten, sodass du mit vierfachem Garn stickst.

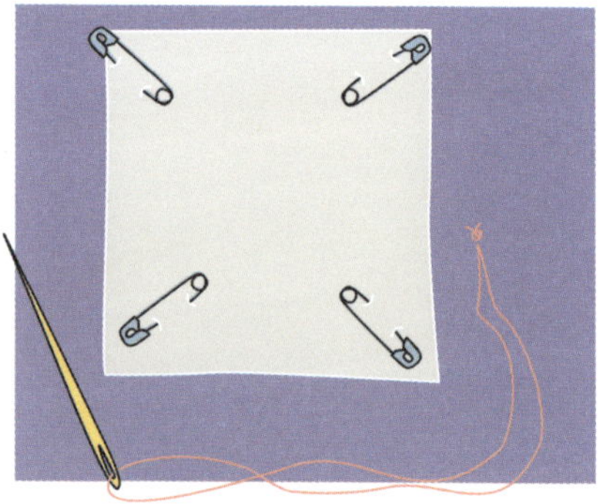

1 Den Flicken vorbereiten (siehe Seite 41, Schritt 1–3). Mit Sashiko-Garn sieht die Stickerei toll aus, aber du kannst auch vierfaches Nähgarn verwenden (siehe Tipp). Sashiko-Garn wird einfädig verarbeitet. Ins Ende einen Knoten binden.

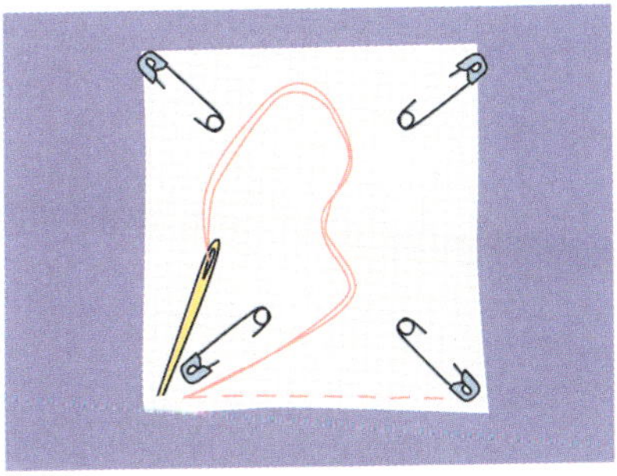

2 Wie in Schritt 5 (gegenüber) eine gerade waagerechte Reihe Vorstiche sticken. Auf gleichmäßige Stichlängen und Abstände achten. Der letzte Stich endet 5 mm vor der Kante des Flickens.

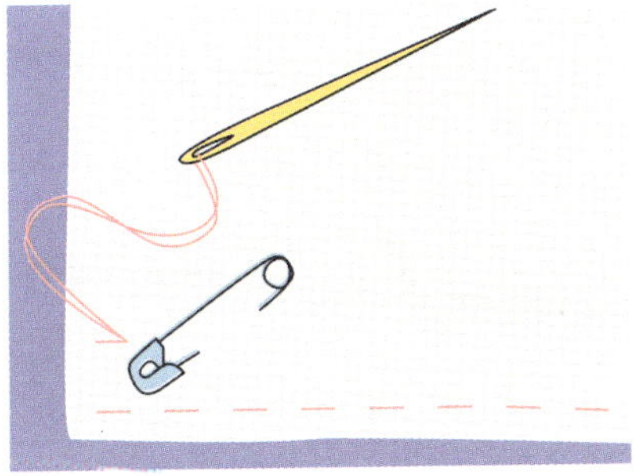

3 Senkrecht über dem letzten Stich und 1 cm höher wieder nach oben ausstechen. Den Faden durchziehen. Nun in entgegengesetzter Richtung eine weitere Reihe aus Vorstichen sticken.

4 Auch in der zweiten Reihe sind Stiche und Abstände 5 mm groß. Die Stiche liegen also genau über denen der vorherigen Reihe. Weitere waagerechte Reihen sticken, bis der ganze Flicken bedeckt ist. Falls nötig, die Stecknadeln versetzen.

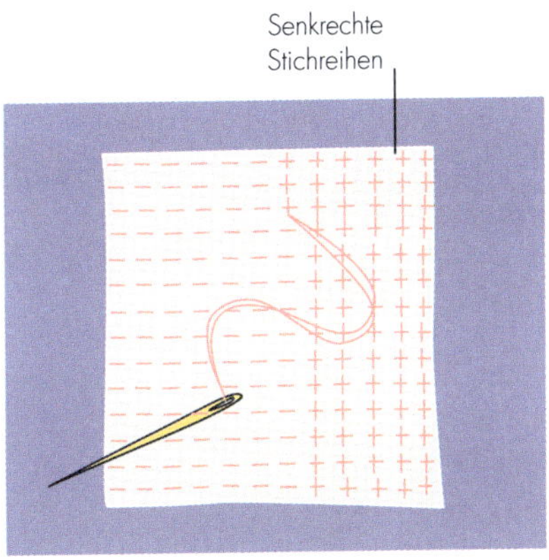

5 Du kannst jetzt aufhören oder 3 mm über der Mitte des letzten waagerechten Stichs nach oben ausstechen und den Flicken mit senkrechten Reihen aus 5 mm großen Vorstichen besticken. Dabei entstehen viele kleine Kreuze.

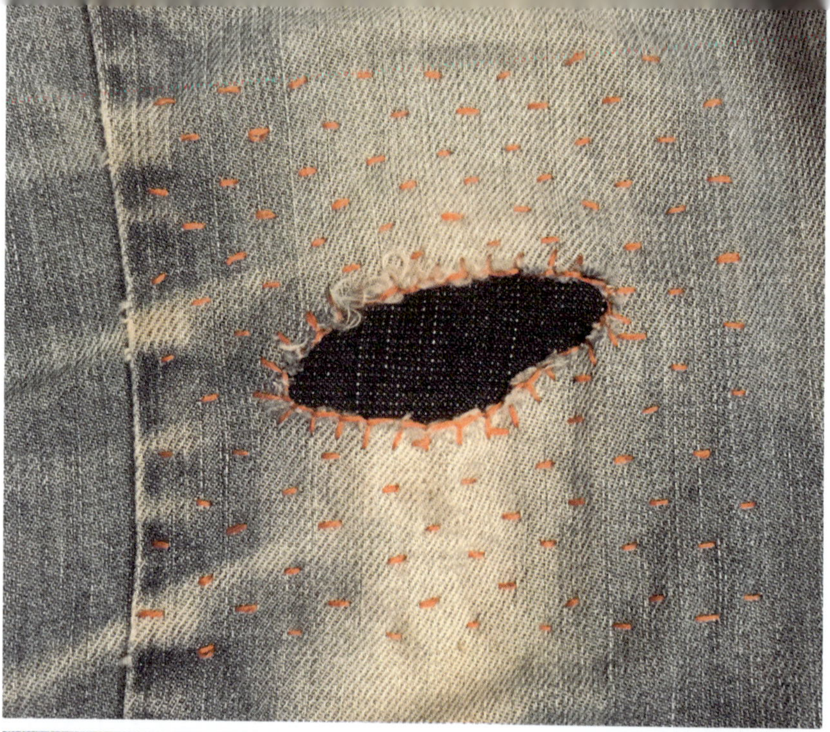

Sichtbare Reparaturen

OB DU VON OBEN ODER VON UNTEN FLICKST: ZEIG DER WELT RUHIG, DASS DU STOLZ DARAUF BIST, DEINE KLEIDUNG ZU REPARIEREN UND SO IHR LEBEN ZU VERLÄNGERN.

Ein Loch von innen flicken

Du hast gelernt, einen Flicken aufzusetzen (siehe Seite 40–43), aber es gibt noch andere Möglichkeiten. Von innen aufgesetzte Flicken sind ebenso stabil, fallen jedoch weniger auf. Hier werden gleich drei Methoden vorgestellt.

Du brauchst: **Für robuste Kleidungsstücke:** Schere/Fadenschneider, Maßband, Markierwerkzeug, Lineal (bei Bedarf), Stoff für den Flicken (am besten fest gewebt und nicht elastisch), Schneiderschere, Sicherheitsnadeln oder Stecknadeln, Nähnadel, Nähgarn, Sashiko-Garn aus reiner Baumwolle (bei Bedarf)

Ohne Nähen: Schere/Fadenschneider, Bügeleinlage, Bügeleisen, Bügelbrett, Bügeltuch

Steppen zur Verstärkung: Markierwerkzeug, Maßband, Lineal (bei Bedarf), Bügeleinlage, Schneiderschere, Bügeleisen, Bügelbrett, Bügeltuch, Nähnadel, Nähgarn in passender Farbe oder Sashiko-Garn aus reiner Baumwolle, Schere/Fadenschneider

Nähmaschine? Steppen zur Verstärkung (siehe Seite 51)

Linkshändig? Wer möchte, kann in entgegengesetzter Richtung arbeiten.

Robuste Kleidung flicken

Diese Methode eignet sich besonders gut für Jeans, andere robuste Hosen oder ungefütterte Jacken. Flicken und Garn können passend oder in Kontrastfarbe gewählt werden.

1 Das Loch von der rechten Stoffseite begutachten. Lose Fäden an seinem Innenrand abschneiden. Größe und Form des beschädigten oder schwachen Bereichs messen und auf jeder Seite 2 cm zugeben.

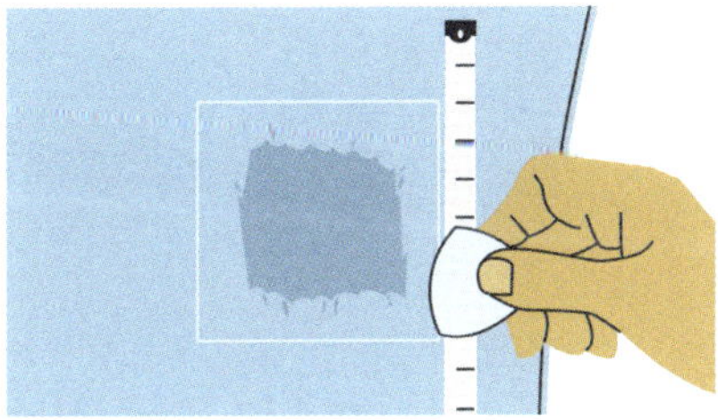

2 Diese Form direkt auf dem Kleidungsstück anzeichnen. Sie soll den schadhaften Bereich großzügig umrahmen. Geradlinige Formen lassen sich am besten verarbeiten.

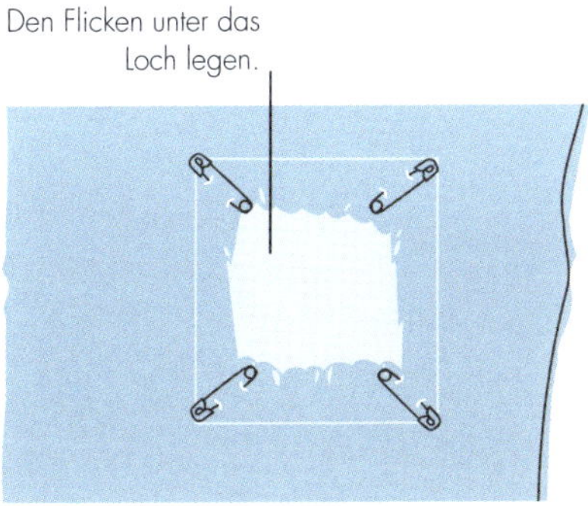

3 Nun einen Flicken in der Größe der vorgezeichneten Form zuschneiden. Den Flicken im angezeichneten Bereich unter den Stoff legen und feststecken.

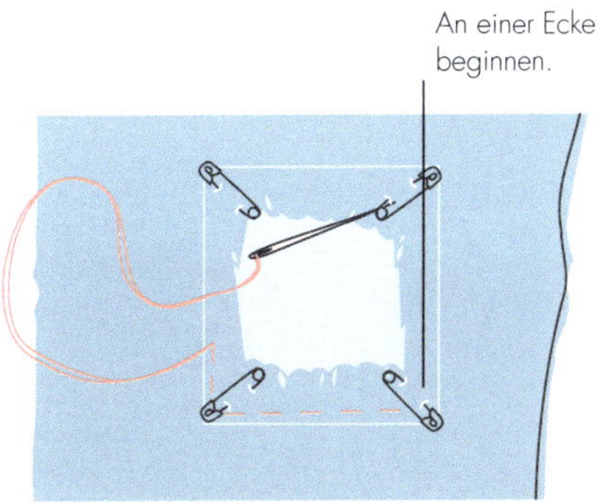

4 Einen Faden einfädeln (siehe Seite 42, Schritt 1) und mit 1 cm Abstand zur Kante des Flickens nach oben stechen. Ringsherum im Vorstich nähen, dann vernähen und abschneiden (Seite 42, Schritt 5–6). **»**

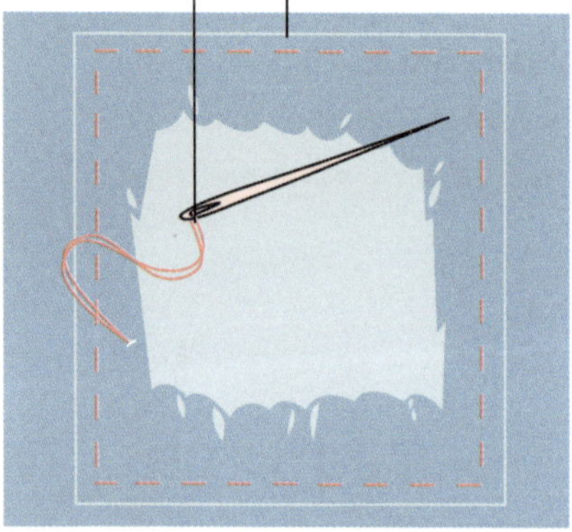

5 Einen neuen Faden einfädeln. Jetzt wird der Rand des Lochs mit überwendlichen Stichen festgenäht. Dafür mit der Nadel durch beide Stofflagen in 5 mm Abstand zum Loch nach außen stechen. Den Faden durchziehen.

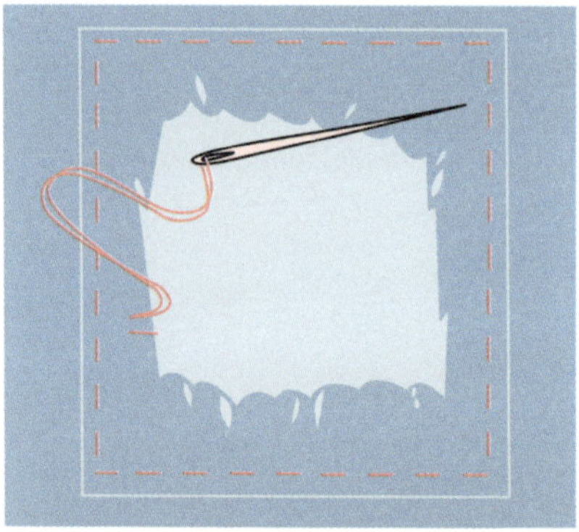

6 Knapp innerhalb der Lochkante wieder einstechen (also nur durch den Flicken stechen) und den Faden durchziehen. Für den nächsten Stich ein kleines Stück weiter links durch Flicken und Oberstoff wieder nach oben stechen. Den Faden durchziehen.

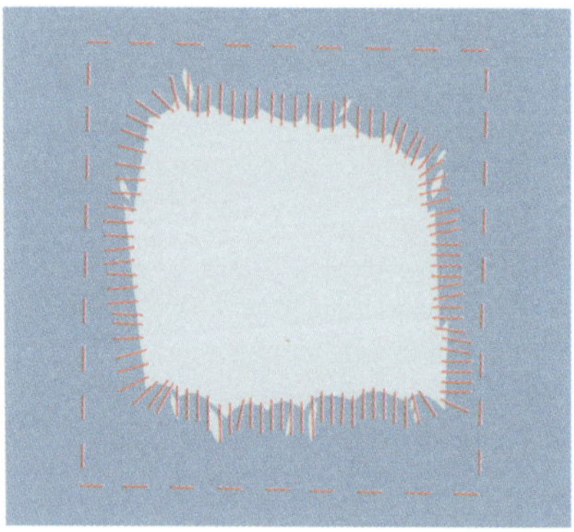

7 Fortfahren, bis der ganze Rand des Lochs mit kleinen Stichen festgenäht ist. Zuletzt auf der Rückseite zwei kleine Stiche nur durch den Flicken nähen (sie sollen von außen nicht zu sehen sein) und den Faden kurz abschneiden. Die Markierungsstriche entfernen.

Ohne Nähen

Diese einfache Methode eignet sich nur für kleine Löcher in T-Shirts und dünnen Stoffen, die heiß gebügelt werden dürfen.

1 Aus Bügeleinlage in einer passenden Stärke einen Kreis ausschneiden, der das Loch abdeckt. Das Kleidungsstück auf links drehen und ein Bügeltuch unter das Loch legen. Den Flicken mit der beschichteten Seite auf das Loch legen und ein Bügeltuch auflegen (siehe Tipp unten). Den Flicken aufbügeln.

2 Vorsichtig mit dem Fingernagel am Rand des Flickens prüfen, ob er fest aufgebügelt ist. Löst sich die Bügeleinlage, muss sie noch etwas länger aufgebügelt werden, eventuell mit höherer Temperatur, sofern der Stoff diese verträgt.

Tipp

Beim Verarbeiten von Bügeleinlage sollte immer ein Bügeltuch verwendet werden, um weder das Bügeleisen noch das Bügelbrett mit geschmolzenem Klebstoff zu verschmutzen. Ein Stück dünner oder mittelfester Stoff aus reiner Baumwolle genügt dafür, z. B. ein Stück von einem Linon-Bettlaken oder ein altes Stofftaschentuch.

Steppen zur Verstärkung

Kombiniert man die ersten beiden Methoden, kommt diese heraus: aufgebügelte Einlage, die zusätzlich mit Steppstichen fixiert wird. Sie ist ideal für stark strapazierte Bereiche, an denen die Reparatur nicht auffallen soll.

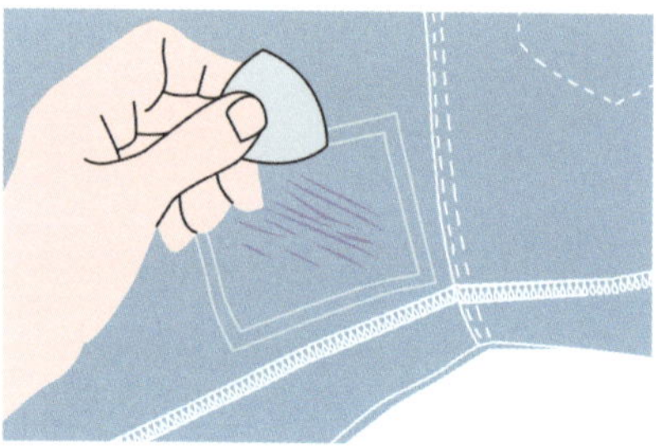

1 Das Kleidungsstück ausbreiten und den Schaden begutachten. Gegen das Licht halten, um seine Größe genau einschätzen zu können. Den Bereich auf der Innenseite mit einem Markierwerkzeug großzügig anzeichnen. Auf jeder Seite 2 cm zugeben.

2 Bügeleinlage in einer Stärke wählen, die dem unbeschädigten Kleidungsstoff entspricht. Die in Schritt 1 angezeichnete Form auf die Einlage übertragen, dann die Einlage auf der Innenseite des Kleidungsstücks auf den schadhaften Bereich bügeln (siehe Seite 49).

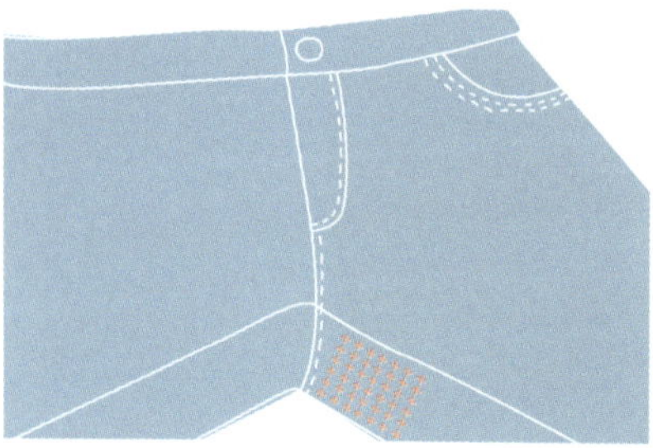

3 Sashiko-Garn oder vierfädiges Nähgarn (siehe Seite 42, Schritt 1) in eine Nadel einfädeln. Das Garn sollte möglichst gut zur Farbe des Stoffs passen. Das Kleidungsstück auf rechts wenden und den reparierten Bereich mit senkrechter und waagerechter Sashiko-Stickerei bedecken (siehe Seite 43, Schritt 2–5).

VERSTÄRKEN MIT DER NÄHMASCHINE

1 Statt mit Sashiko-Stickerei kann der reparierte Bereich auch mit der Maschine gesteppt werden. Die Maschine vorbereiten (siehe Seite 26–29) und einen geraden Steppstich mit 3–3,5 mm Stichlänge einstellen.

2 Das Kleidungsstück unter die Maschine legen. Je nach Position der reparierten Stelle kann das etwas knifflig sein. Zuerst Linien in einer Richtung steppen, dann das Kleidungsstück drehen und rechtwinklig zu den ersten Linien weitere steppen.

Tipp

Größe und Position des Lochs sowie die Art des Stoffs bestimmen, welche Methode sich zum Flicken am besten eignet.

Ein Loch stopfen

Ein Loch im Lieblingspullover ist ärgerlich, aber kein Weltuntergang. Das Stopfen nimmt etwas mehr Zeit in Anspruch als andere Reparaturtechniken, aber es kann gestrickte Kleidung retten. Das wussten schon unsere Großmütter!

Du brauchst: Stopfnadel, Stopfgarn (farblich passend für eine unauffällige Reparatur oder in Kontrastfarbe für eine sichtbare), Schere/ Fadenschneider, Stopfpilz (bei Bedarf, ersatzweise Boden eines Trinkglases oder eine Orange)

Linkshändig? Wer möchte, kann in entgegengesetzter Richtung arbeiten.

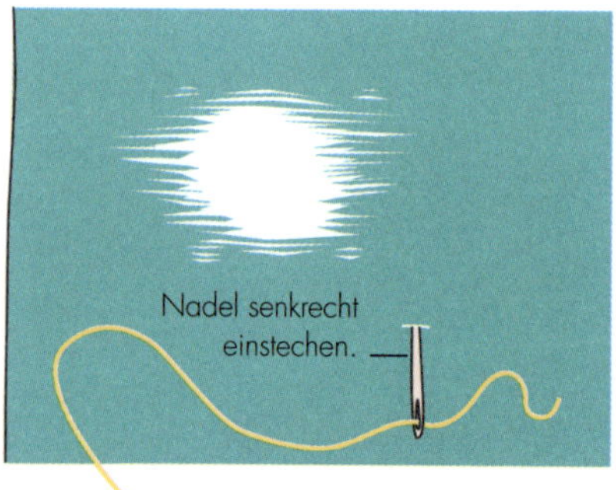

1 Einen 50 cm langen Faden Stopfgarn in die Stopfnadel einfädeln. Das Ende nicht verknoten. Einen Stopfpilz von innen unter das Loch schieben. Auf der rechten Seite des Kleidungsstücks in ca. 1,5 cm Abstand zum Loch einstechen.

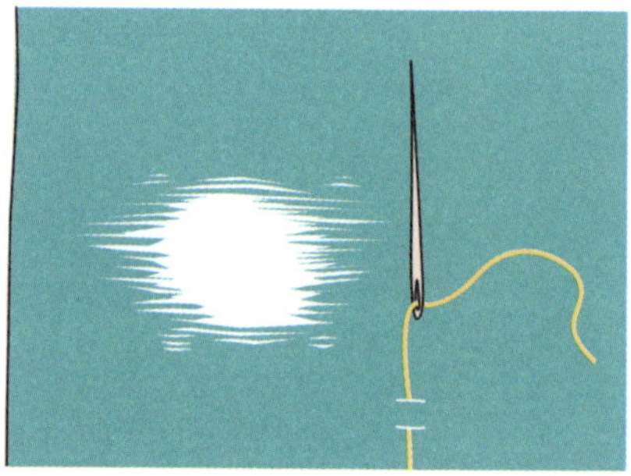

2 4 mm über dem Einstich wieder herauskommen. Den Faden so weit durchziehen, dass ein ca. 4 cm langes Ende an der Einstichstelle hängen bleibt.

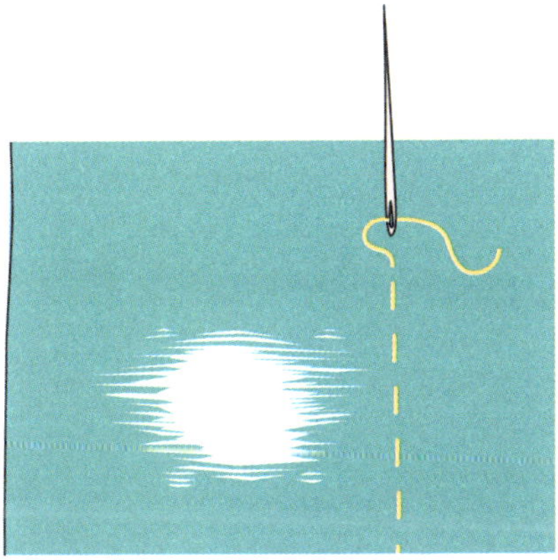

3 Eine senkrechte Reihe kleiner Vorstiche (maximal 4 mm lang) arbeiten. Die Reihe endet mindestens 1,5 cm oberhalb des Lochs.

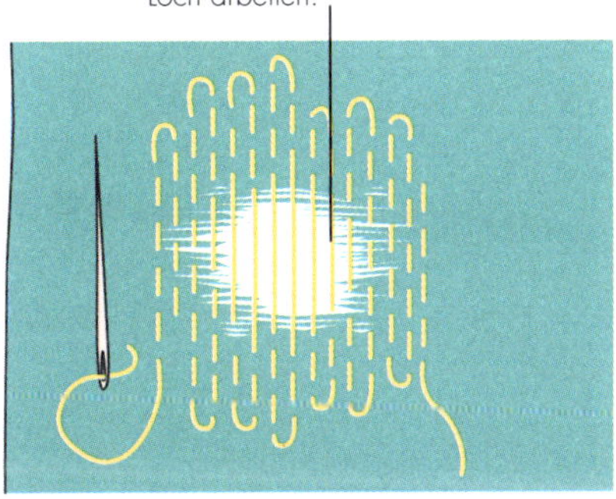

4 Am Ende der Reihe die Richtung wechseln, eine kleine Schlaufe stehen lassen und dicht neben der ersten eine zweite Reihe Vorstiche nähen. Auf- und abwärts fortfahren, bis die gesamte Fläche mit Vorstich-Reihen bedeckt ist. Die Schlaufen sind wichtig, falls das Stopfgarn einläuft.

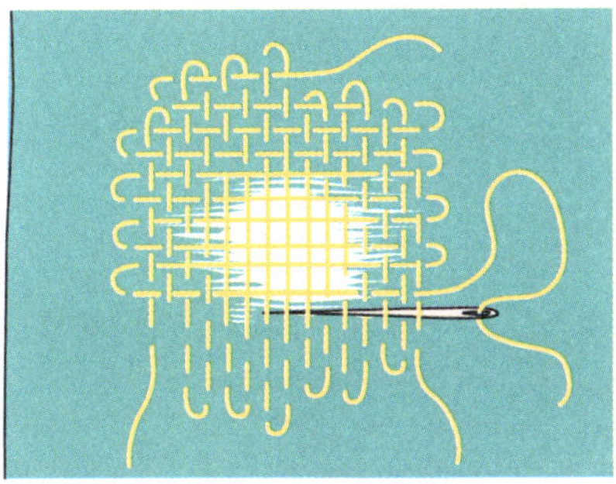

5 Nun waagerechte Reihen aus Vorstichen arbeiten. Im Bereich des Lochs den Faden abwechselnd über und unter die senkrechten Stiche führen. Dadurch entsteht im Loch neues »Gewebe«. Es macht nichts, wenn es locker aussieht: Das Stopfgarn wird beim Tragen rau und füllt das Loch dann aus.

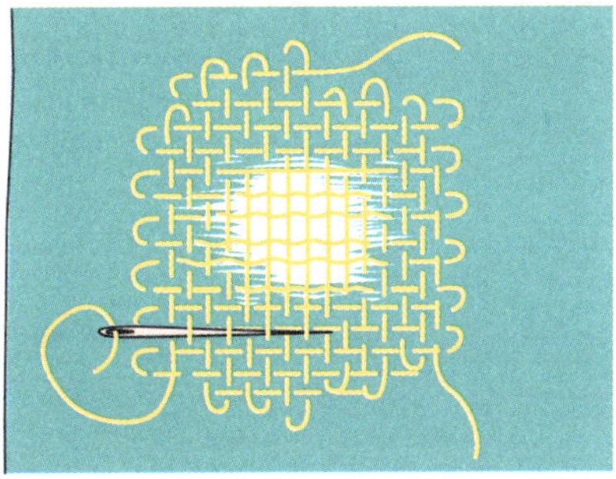

6 Wahrscheinlich musst du während des Stopfens neues Garn einfädeln. Wenn du fertig bist, hängen einige Fäden herab. Fädele diese Enden ein und vernähe sie auf der Rückseite der reparierten Stelle zwischen den Stopfgarnfäden.

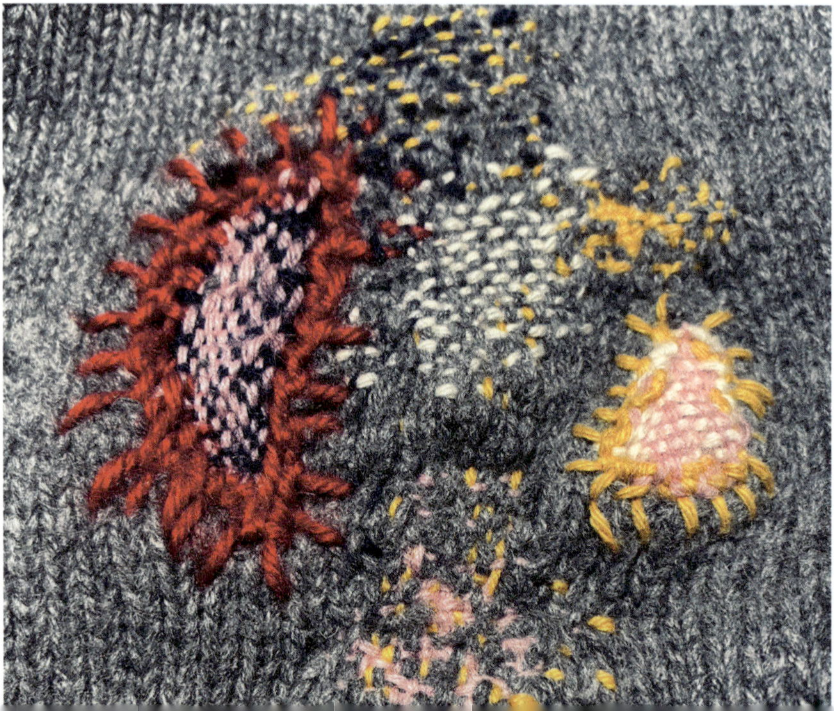

© KATE SEKULES

Dekorativ stopfen

EINE GESTOPFTE STELLE MUSS SICH NICHT VERSCHÄMT VERSTECKEN. MIT GARN IN KONTRASTFARBEN KANN SIE AUCH ZUM INTERESSANTEN BLICKFANG WERDEN.

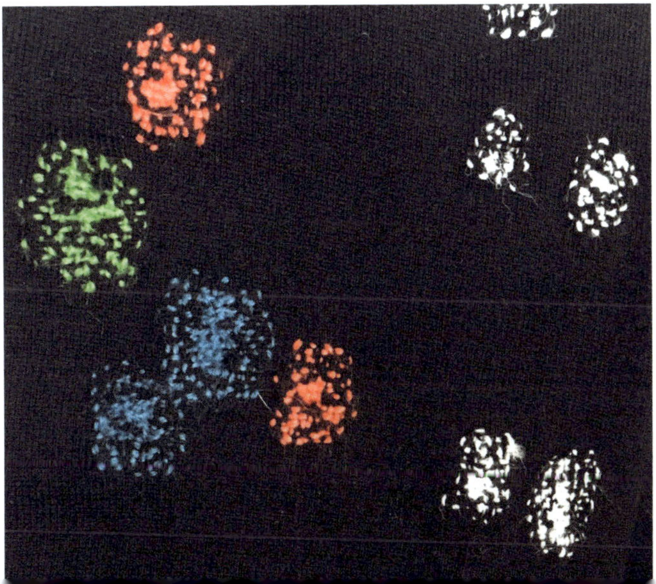

© KATE SEKULES

Einen Riss reparieren

Du hast inzwischen gelernt, wie man Löcher repariert. Aber was, wenn der Stoff eingerissen ist? Keine Sorge, auch dafür gibt es wirkungsvolle Lösungsstrategien.

Du brauchst: **Sichtbare Reparatur:** Bügeleinlage, Schneiderschere, Bügeleisen, Bügelbrett, Bügeltuch, Nähnadel, Nähgarn in passender Farbe, Schere/Fadenschneider
Unauffällige Reparatur: Stecknadeln, Markierwerkzeug, Nähnadel, Nähgarn in passender Farbe, Schere/Fadenschneider, Bügeleisen, Bügelbrett

Nähmaschine? **Sichtbare Reparatur:** Nach Schritt 1 und 2 nicht mit überwendlichen Stichen fortfahren, sondern mit breitem Zickzackstich.
Unauffällige Reparatur: Nach Schritt 1 und 2 nicht mit Vorstichen fortfahren, sondern mit geradem Steppstich in 2 mm Länge.

Tipp

Diese Methoden eignen sich für einen Riss in intaktem Stoff. Ist der Stoff um den Riss herum mürbe, solltest du einen Flicken aufnähen (siehe Seite 40–49).

Sichtbare Reparatur

Erinnerst du dich an den überwendlichen Stich (Seite 48)? Diese haltbare Reparatur eignet sich für Kleidungsstücke, die viel getragen werden. Ganz unauffällig ist sie nicht.

1 Aus Bügeleinlage in ähnlicher Stärke wie der gerissene Stoff ein Rechteck zuschneiden, das etwa 2,5 cm länger und breiter als der Riss ist. Es dient zur Verstärkung des Stoffs.

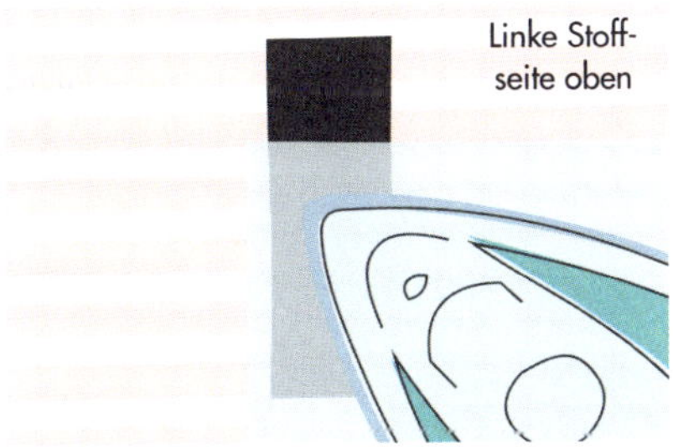

2 Das Kleidungsstück auf links drehen und aufs Bügelbrett legen. Die Risskanten dicht zusammenschieben. Die Bügeleinlage mit der Klebeseite nach unten auf den Riss bügeln (mit Bügeltuch!).

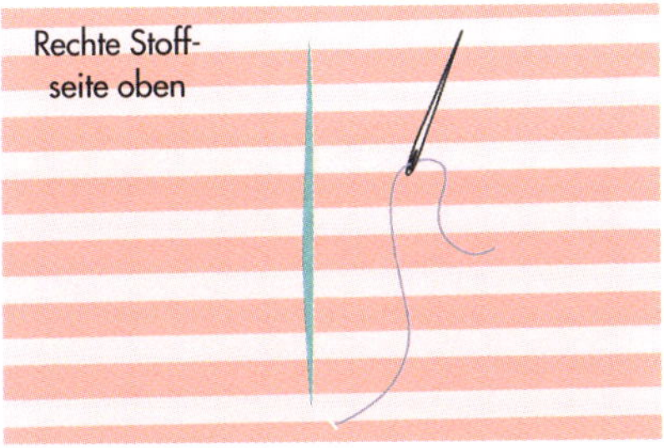

3 Nähgarn einfädeln (siehe Seite 37, Schritt 2). Mindestens 3 mm neben dem Riss auf der rechten Stoffseite ausstechen und den Faden durchziehen.

4 Auf der anderen Seite des Risses einstechen. Der Stich überspannt also den Riss. Den Faden durchziehen, aber nicht zu stramm, sonst entsteht ein Wulst.

5 Jetzt die Nadel auf der Rückseite schräg aufwärts führen und 3 mm über dem ersten Ausstich herauskommen. Schritt 4 wiederholen, um den zweiten Stich zu beenden.

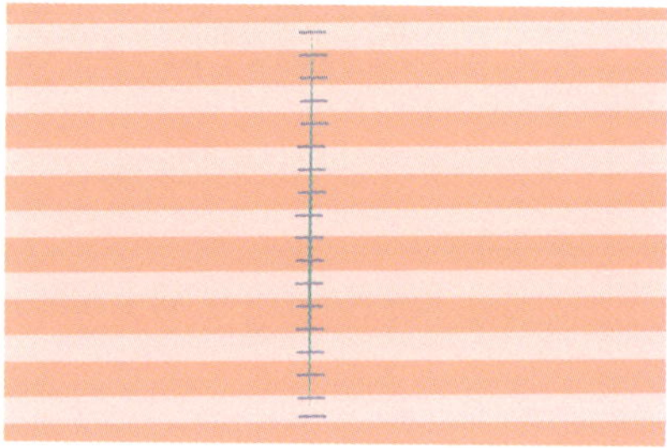

6 Schritt 4 und 5 wiederholen, sodass eine »Leiter« aus Stichen den Riss überspannt. Sie soll an beiden Enden ein bis zwei Stiche über den Riss hinaus reichen. Den Faden auf der Rückseite mit zwei winzigen Stichen vernähen und abschneiden.

Unauffällige Reparatur

Mit Vorstichen lässt sich ein Riss unauffälliger reparieren. Gut für gemusterte Stoffe, die nicht stark ausfransen!

1 Das Kleidungsstück rechts auf rechts genau am Riss falten. Stecknadeln rechtwinklig durch beide Kanten des Risses stecken, damit nichts verrutschen kann.

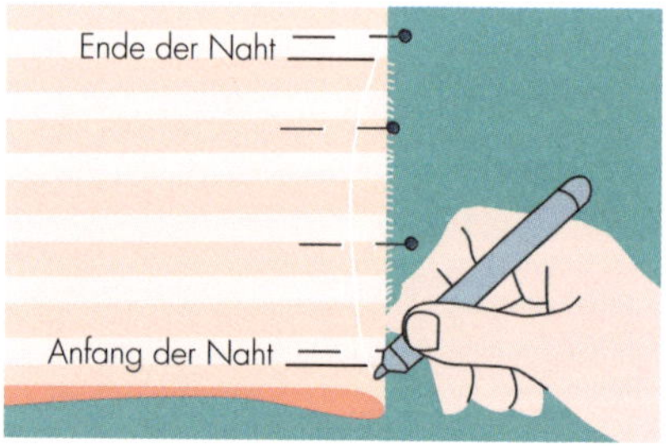

2 Nun mit einem Markierstift einen flachen Bogen zeichnen, der etwa 1 cm über und unter dem Riss endet. Sein Abstand zur Risskante beträgt 5 mm.

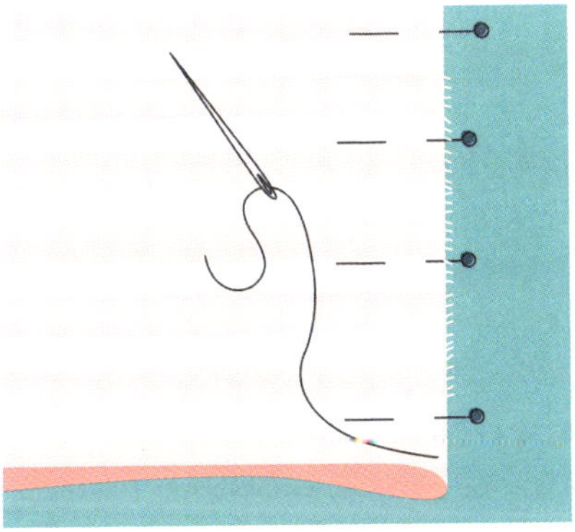

3 Einen Faden in die Nadel einfädeln (siehe Seite 37, Schritt 2). Am Anfang der markierten Linie durch beide Stofflagen nach oben stechen. Den Faden durchziehen.

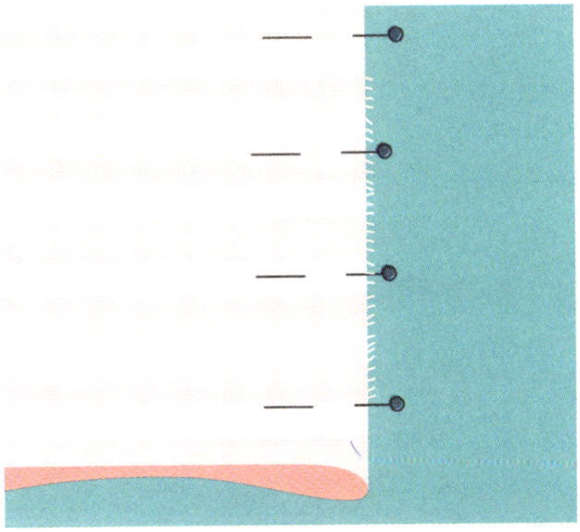

4 Etwa 3 mm weiter oben wieder einstechen und den Faden durchziehen. Die Stiche sollen fest sein. Den Faden aber nicht zu stramm ziehen, sonst kräuselt sich der Stoff.

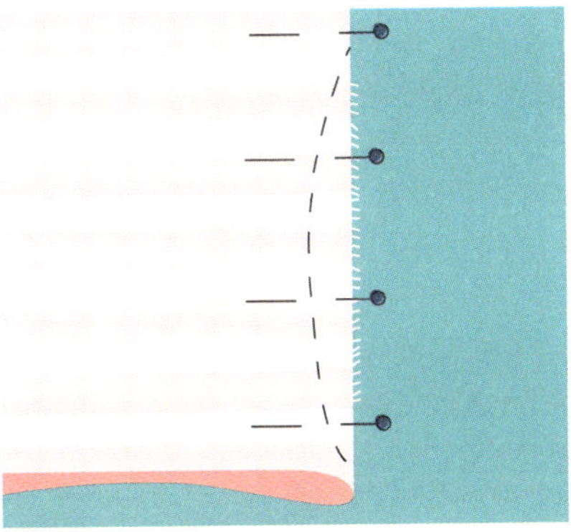

5 Weitere gleichmäßige Vorstiche von 3 mm Länge nähen. Ihr Abstand zum Riss beträgt mindestens 5 mm, und sie müssen immer durch intakten Stoff genäht werden. Regelmäßig kontrollieren!

6 Am Ende der Naht wieder zur Faltkante zurückkehren. Den Faden mit zwei winzigen Stichen vernähen und abschneiden. Die Stecknadeln herausziehen und den reparierten Riss von der rechten Stoffseite nicht zu heiß bügeln.

Eine geplatzte Naht reparieren

Bei einem Riss ist der Stoff beschädigt, bei einer geplatzten Naht ist nur der Nähfaden gerissen. Selbst bei gefütterten Kleidungsstücken lassen sich solche Schäden so beheben, dass man die Reparatur kaum sieht.

Du brauchst: **Reparatur von außen:** Schere/Fadenschneider, Nähnadel, Nähgarn in passender Farbe
Reparatur von innen: Schere/Fadenschneider, Stecknadeln (bei Bedarf), Nähnadel, Nähgarn in passender Farbe, Markierwerkzeug (bei Bedarf)
Reparatur und Verstärkung: Schere/Fadenschneider, Maßband, Bügeleinlage, Schneiderschere, Bügeleisen, Bügelbrett, Bügeltuch, Markierwerkzeug, Nähnadel, Nähgarn in passender Farbe

Nähmaschine? **Reparatur von innen:** Nach Schritt 1 und 2 nicht mit Vorstich fortfahren, sondern mit geradem Steppstich.
Reparatur und Verstärkung: Nach Schritt 1–4 nicht mit Vorstich fortfahren, sondern mit geradem Steppstich.

Linkshändig? Wer möchte, kann in entgegengesetzter Richtung arbeiten.

Reparatur von außen

Für eine geplatzte Naht eignet sich der Leiterstich (auch Blindstich). Er ist eine Variante des überwendlichen Stichs, den du schon auf Seite 36–38 kennengelernt hast.

1 Auf der rechten Stoffseite alle losen Fäden im Riss abschneiden. Einen 30 cm langen Faden in die Nähnadel einfädeln und einen Doppelknoten ins Ende binden.

2 Durch die Nahtzugabe so nach außen stechen, dass die Nadel dort herauskommt, wo die offene Nahtstelle beginnt. Den Faden durchziehen. Der Faden liegt innen unter der Nahtzugabe.

3 Direkt unter dem Ausstich auf der anderen Seite der Naht einstechen. Die Nadel zwischen Nahtzugabe und Oberstoff führen und 3 mm weiter links ausstechen.

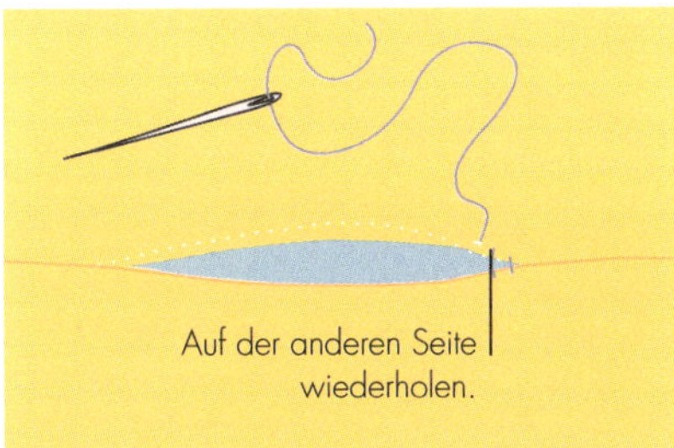

4 Den Faden durchziehen. Dabei schließt sich die Lücke zwischen den beiden Seiten. Auf der anderen Seite einstechen und einen 3 mm langen Stich zwischen Nahtzugabe und Oberstoff nähen.

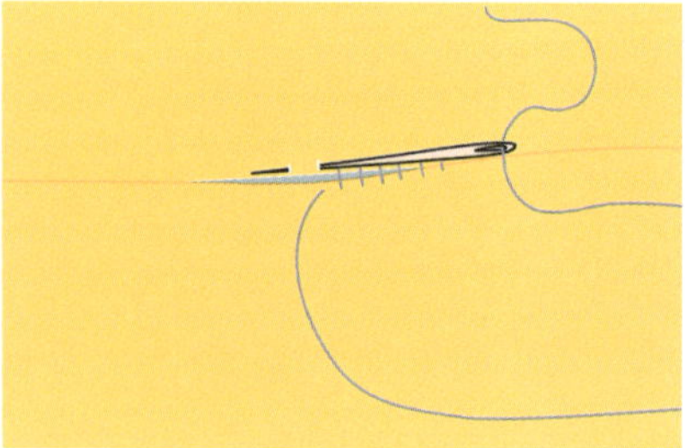

5 Schritt 3 und 4 wiederholen, bis die offene Naht geschlossen ist. Die Stiche festziehen, aber nicht so fest, dass der Stoff Beulen bildet. Das Ziel sind winzige Stiche und eine flache Naht.

6 Einen letzten Stich in die Nahtkante arbeiten und den Faden so weit durchziehen, dass eine Schlaufe entsteht. Die Nadel durch die Schlaufe schieben, den Faden fest anziehen und abschneiden.

Reparatur von innen

Diese Methode eignet sich für ungefütterte Kleidungsstücke, bei denen man die geplatzte Naht auch von innen leicht erreichen kann.

1 Das Kleidungsstück so ausbreiten, dass die offene Naht von der Innenseite gut zu sehen ist. Alle losen Fäden im offenen Bereich vorsichtig abschneiden.

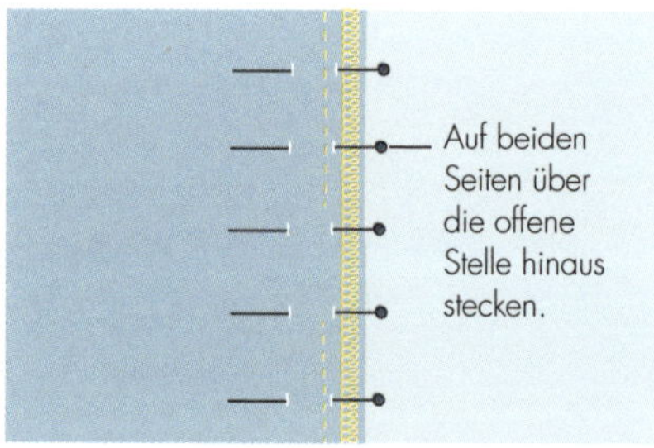

2 Die offene Nahtstelle (sofern sie nicht sehr kurz ist) mit rechtwinklig platzierten Nadeln zustecken, damit sich beim Nähen nichts verschieben kann. Einen Faden einfädeln (siehe Seite 61, Schritt 1).

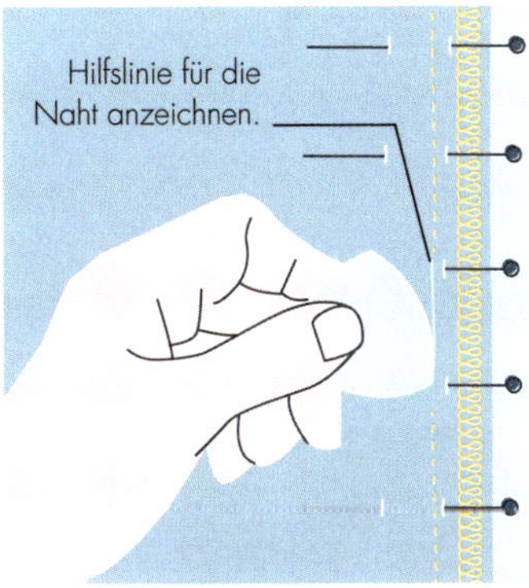

3 Die offene Stelle wird mit Vorstichen genau auf der Linie der ursprünglichen Naht geschlossen. Wenn diese nicht als Kniff sichtbar ist, wird sie mit Schneiderkreide angezeichnet.

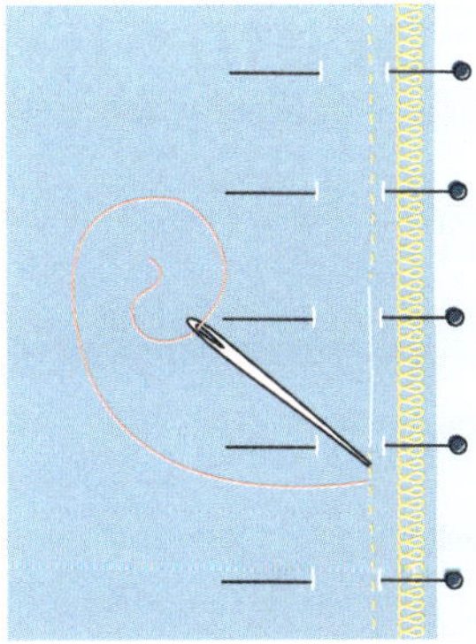

4 Die ersten Stiche im intakten Teil der Naht nähen. Von unten durch beide Stofflagen nach oben stechen, 3 mm weiter vorn wieder einstechen und den Faden durchziehen.

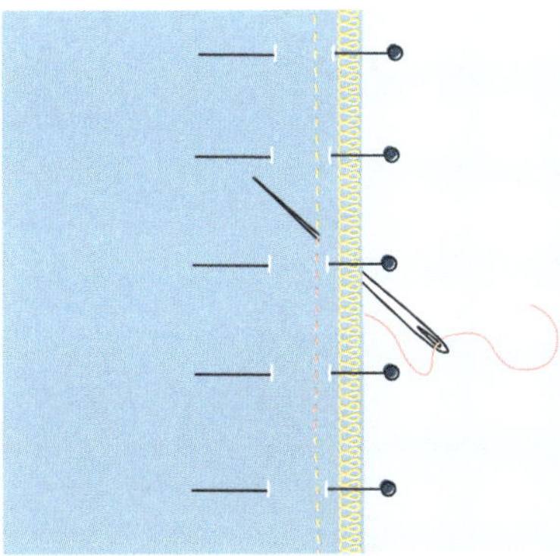

5 Schritt 4 wiederholen, bis die offene Stelle mit Vorstichen geschlossen ist. Immer genau in der alten Nahtlinie nähen. Noch einige Stiche in der intakten Naht am anderen Ende nähen.

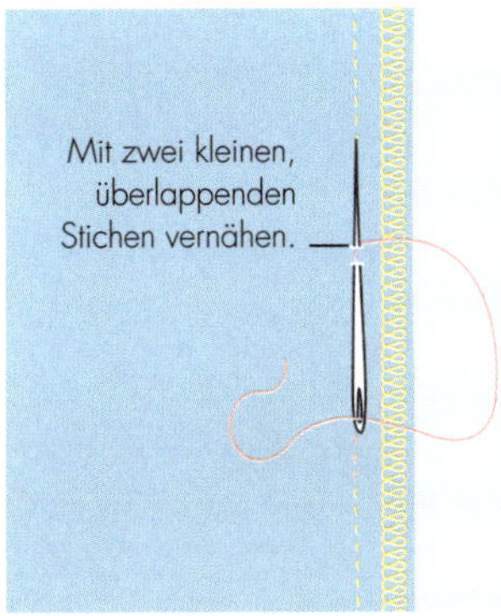

6 Über dem letzten Stich zwei kleine, überlappende Stiche arbeiten, dann den Faden abschneiden und die Stecknadeln herausziehen. Die Naht vorsichtig von links bügeln.

Reparatur und Verstärkung

Wenn eine Naht durch Belastung gerissen ist, kann der Stoff beschädigt oder ausgefranst sein. Diese Methode löst beide Probleme sauber und zuverlässig.

1 Das Kleidungsstück so ausbreiten, dass die geplatzte Naht von innen zu sehen ist. Alle losen Fäden vorsichtig abschneiden. Die Länge der beschädigten Stelle messen.

2 Aus Bügeleinlage in ähnlicher Stärke wie das Kleidungsstück zwei 1,5 cm breite Streifen zuschneiden, die 2,5 cm länger als die schadhafte Naht sind.

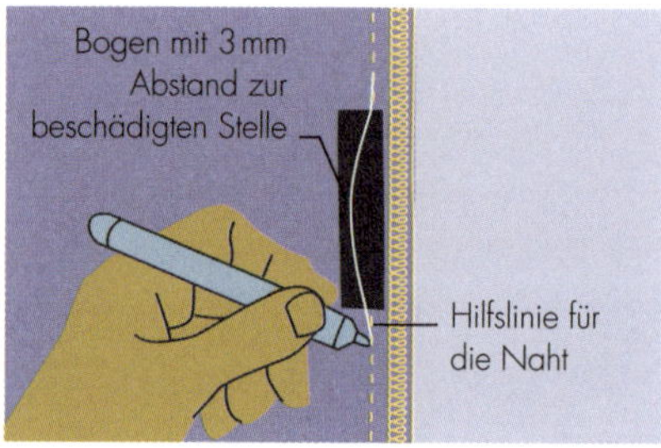

3 Einen Streifen Einlage mit der Klebeseite nach unten mittig auf die beschädigte Naht aufbügeln. Die Naht umdrehen und den zweiten Einlagestreifen auf die andere Seite bügeln.

4 Mit einem Markierstift eine Hilfslinie in 3 mm Abstand zur defekten Naht zeichnen, um dort durch unbeschädigten Stoff zu nähen. Die Enden der Linie laufen glatt in die alte Naht hinein.

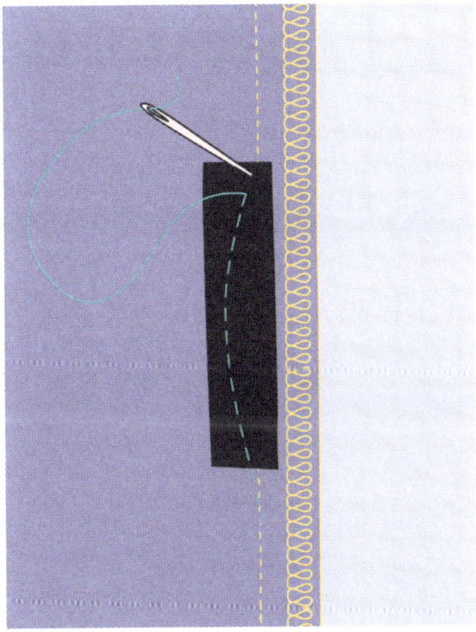

5 Nähgarn einfädeln (Schritt 2, Seite 37). Dann auf der Hilfslinie eine Reihe Vorstiche nähen (Schritt 4–6, Seite 63). Damit die Reparatur gut hält, an beiden Enden einige Stiche in die vorhandene Naht hinein nähen.

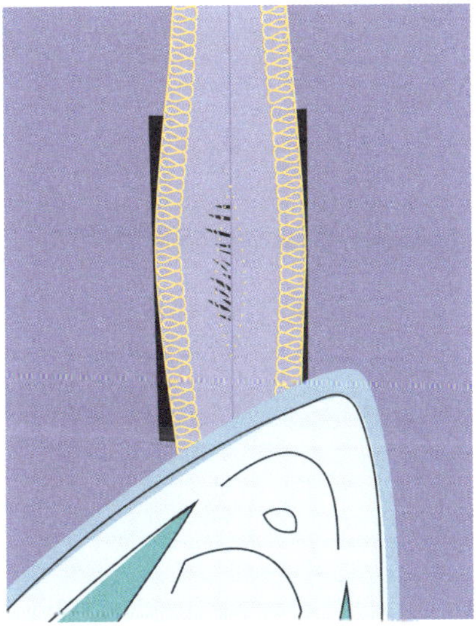

6 Nun die Naht von innen bügeln. Ist es eine offene Naht, die Nahtzugaben auseinander bügeln. Bei einer geschlossenen Naht die Nahtzugaben zu einer Seite bügeln. Das Kleidungsstück wenden und die reparierte Stelle von rechts bügeln.

Tipp

Die Bügeleinlage sollte eine ähnliche Stärke haben wie der Stoff des Kleidungsstücks und farblich möglichst gut passen.

Reißverschluss-Probleme

Der Reißverschluss ist eine clevere Erfindung, auf die wir nicht mehr verzichten möchten. Er kann aber auch seine Tücken haben. Muss ein Reißverschluss ausgetauscht werden, bringst du das Kleidungsstück am besten zum Schneider. Andere Probleme kannst du selbst lösen.

Reißverschlüsse in Kleidung können teilbar oder nicht teilbar sein, und sie können verdeckt oder sichtbar eingenäht sein. Teilbare Reißverschlüsse lassen sich in zwei Hälften auseinandernehmen und werden vor allem an Jacken eingesetzt. Nicht teilbare Reißverschlüsse findet man beispielsweise in Hosen. Verdeckte Reißverschlüsse kommen fast ausschließlich in Damenkleidung zum Einsatz. Wenn sie gekonnt eingenäht sind, sieht man nur den Griff des Schlittens. So wird die Silhouette des Modells nicht unterbrochen.

Aufbau eines nicht teilbaren Reißverschlusses

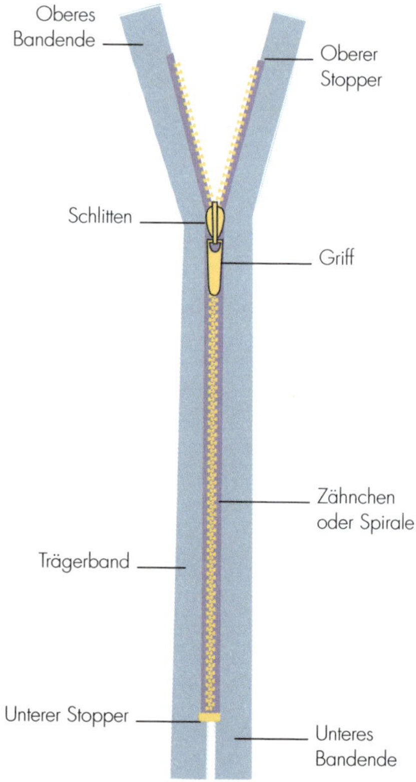

Metall oder Kunststoff?

Die meisten modernen Reißverschlüsse haben Zähnchen aus Polyester oder Nylon. Leichte Reißverschlüsse für dünne Stoffe haben statt Zähnchen eine Kunststoffspirale, deren Windungen ineinandergreifen. In strapazierfähiger Bekleidung, etwa Jeans und robusten Jacken, kommen auch Reißverschlüsse mit Zähnchen aus Metall – meist Messing, Edelstahl, Zink oder Aluminium – zum Einsatz.

DER REISSVERSCHLUSS KLEMMT

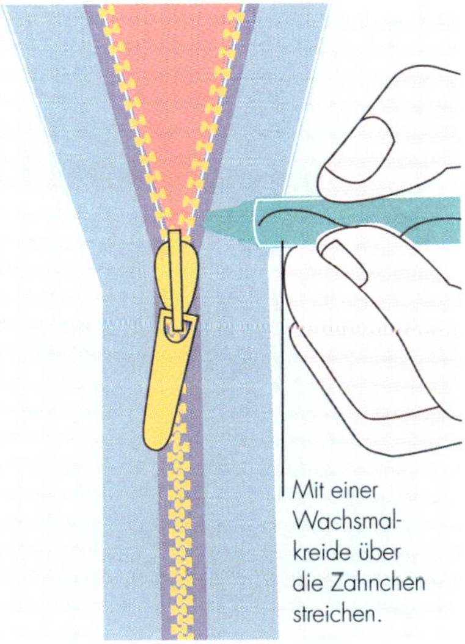

DER GRIFF FEHLT

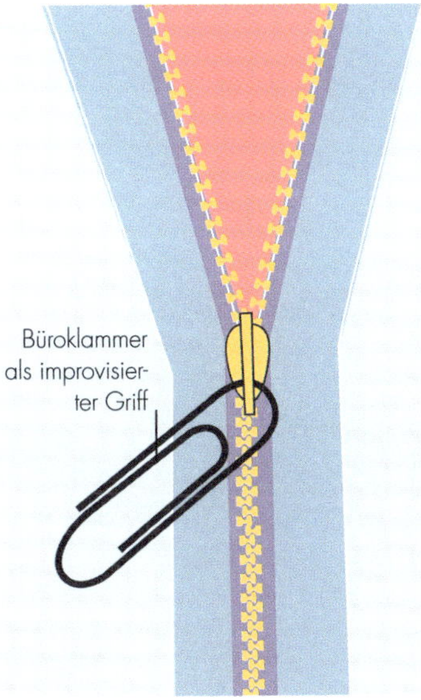

Der Reißverschluss klemmt

Es ist ärgerlich, wenn ein Reißverschluss klemmt. Schau in diesem Fall zuerst nach, ob sich etwas zwischen den Zähnchen verfangen hat, vielleicht ein Haar oder ein Faden. Wenn das nicht der Fall ist, kannst du versuchen, die Zähnchen über dem Schlitten mit einem Schmiermittel zu behandeln. Dafür eignen sich Kerzenwachs, Wachsmalkreiden, Grafit (von einem Bleistift), Seife oder Lippenbalsam. Den Schlitten vorsichtig bewegen, damit das Schmiermittel zwischen den Zähnchen verteilt wird. Pass aber auf, dass das Schmiermittel keine Flecken auf dem Stoff hinterlässt.

Der Griff ist verloren gegangen

Wenn der kleine Griff am Schlitten abgebrochen ist, lässt sich der Reißverschluss nur sehr schlecht öffnen und schließen. Falls aber die Öse am Schlitten noch intakt ist, kannst du dort einen neuen Griff befestigen. Solche Griffe kann man einzeln kaufen. Notfalls kannst du aber auch einen Schlüsselring oder eine Büroklammer durch die Öse ziehen und als provisorischen Griff benutzen.

SCHLITTEN ZU LOCKER

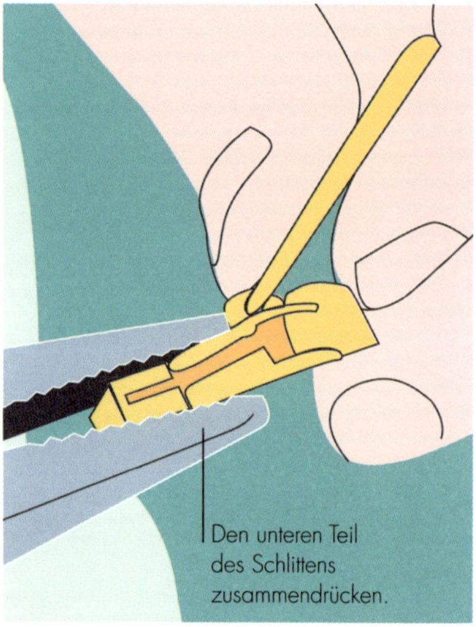

REISSVERSCHLUSS GEHT AUF

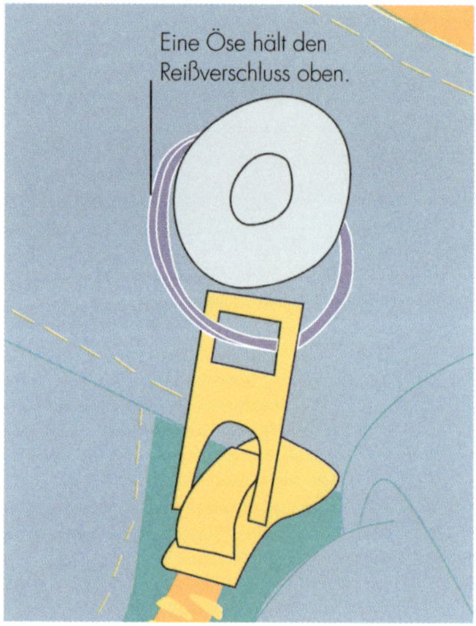

LOCH UNTER DEM VERSCHLUSS

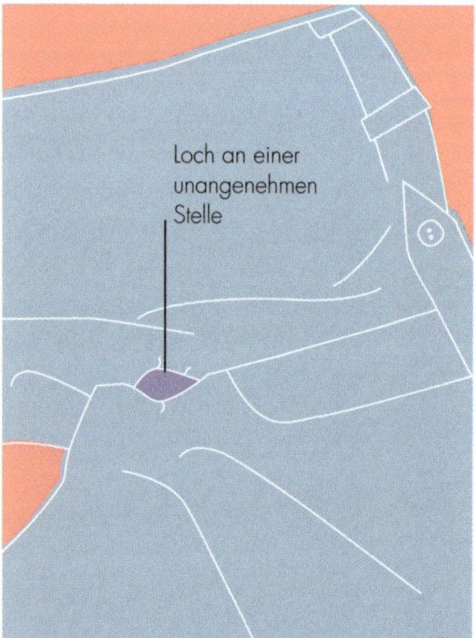

SCHLITTEN AUSTAUSCHEN

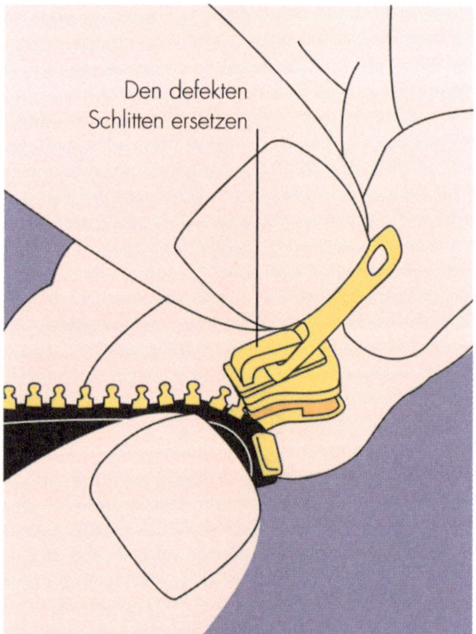

Ein zu lockerer Schlitten

Der Schlitten sitzt zu locker, wenn bei geschlossenem Reißverschluss trotzdem einige Zähnchen offen bleiben. Meist genügt es, den Schlitten im unteren Bereich mit einer Zange vorsichtig zusammenzudrücken. Probiere aus, ob das Problem gelöst ist. Wenn das nicht der Fall ist, drücke den Schlitten noch etwas stärker zusammen.

Ein Loch in der Naht unter dem Reißverschluss

Durch häufiges Öffnen und Schließen des Reißverschlusses kann die Naht direkt darunter Schaden nehmen. Das kommt oft bei verdeckten Reißverschlüssen in Hosen und Röcken vor. Wie man so eine geplatzte Naht repariert, wird auf Seite 60–62 ausführlich erklärt.

Tipp

Wenn Zähnchen am Reißverschluss schief sitzen oder fehlen, lege nicht selbst Hand an, sondern bringe das Kleidungsstück zur Schneiderei.

Der Reißverschluss geht immer wieder auf

Es kann sehr peinlich sein, wenn im falschen Moment der Hosenschlitz offen steht. Falls das häufiger passiert, muss der Reißverschluss über kurz oder lang erneuert werden. Als provisorische Lösung eignet sich ein Schlüsselring, der am Griff des Schlittens befestigt wird: Den Reißverschluss schließen, den Ring über den Hosenknopf hängen, dann den Hosenknopf schließen. Der Schlüsselring wird vom Hosenbund verdeckt, und mit ungewollter Belüftung ist nicht mehr zu rechnen.

Der Schlitten ist defekt

In diesem Fall ist es nicht unbedingt nötig, den ganzen Reißverschluss austauschen zu lassen und dafür viel Geld auszugeben. Im Fachhandel und online kann man Reparaturschlitten in verschiedenen Größen kaufen. Zuerst den defekten Schlitten vorsichtig mit einer Zange durchkneifen und ganz entfernen. Auf der Seite, wo der Schlitten abgenommen wurde, den oberen Stopper zur Seite falten. Dann den neuen Schlitten auf die Zähnchen schieben. Wenn alles geklappt hat, lässt sich der Reißverschluss danach ganz normal öffnen und schließen.

Kragen & Manschetten reparieren

Blusen und Hemden sind oft noch gut in Schuss, nur die Kanten von Kragen und Manschetten sind abgenutzt. Das ist schade, denn gerade diese Bereiche fallen ins Auge. Aber es gibt eine Lösung, die gar nicht kompliziert ist: Schrägband!

Du brauchst: Maßband, 1 m Schrägband in 2 cm Breite (oder etwas breiter), Schere/ Fadenschneider, Stecknadeln, Nähnadel, Nähgarn (passend zur Farbe des Schrägbands)

Linkshändig? Wer möchte, kann in entgegengesetzter Richtung arbeiten.

Tipp

Schrägband gibt es in vielen Farben und Mustern zu kaufen, abgepackt und als Meterware. Entscheide selbst, ob du es genau auf den Stoff deines Kleidungsstücks abstimmen oder lieber eine Kontrastfarbe wählen möchtest.

Einen Kragen einfassen

Kragenkanten werden durch die Reibung am Hals mit der Zeit dünn. Ein Schrägband schützt die Kante und verlängert so das Leben des Kleidungsstücks.

1 Den Kragen flach ausbreiten und die Länge des abgenutzten Teils messen. Das Ende des Schrägbands begradigen, dann ein Stück Schrägband abschneiden, das 2 cm länger als der gemessene Bereich ist.

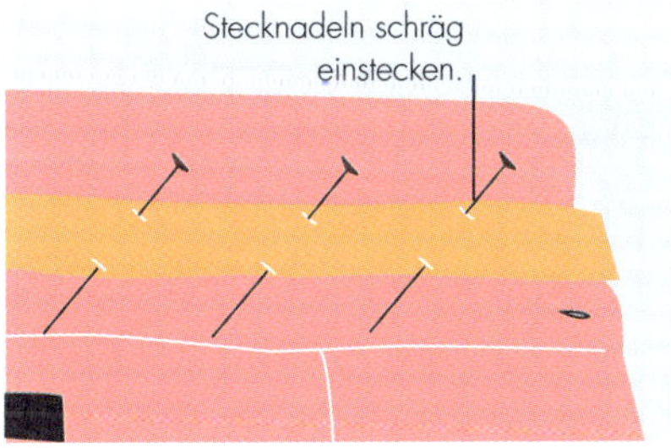

2 Das Schrägband mittig auf den abgenutzten Bereich legen. Es steht an beiden Enden 1 cm über. Feststecken (Stecknadeln schräg) und Nähgarn in eine Nähnadel einfädeln (siehe Seite 37, Schritt 2).

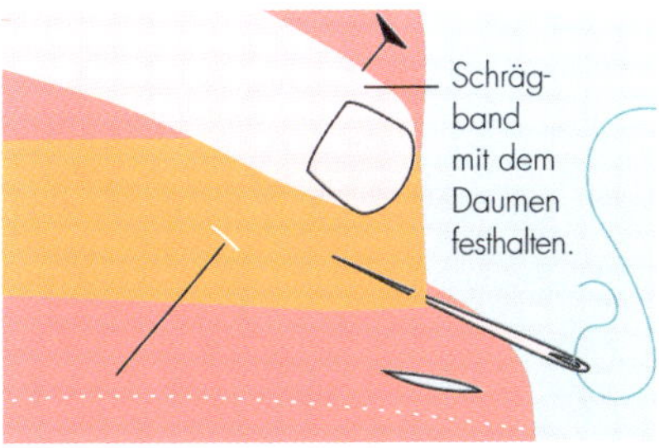

3 Das Ende des Schrägbands bündig mit der Kragenkante einschlagen. An einer Ecke des Schrägbands nach oben stechen, sodass der Knoten im Faden unter dem Schrägband liegt.

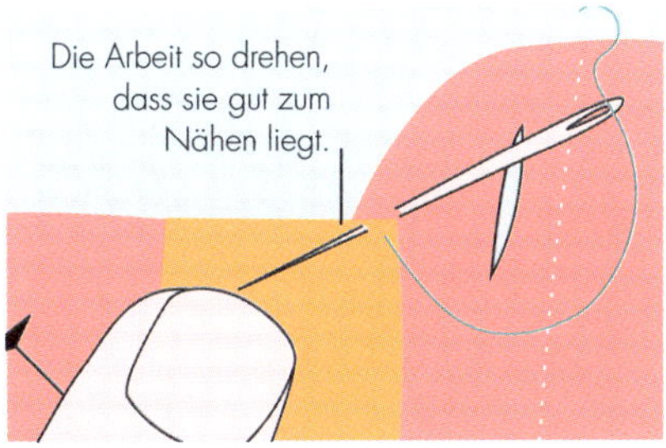

4 Mit der Nadel in den oberen Kragenstoff einstechen, dann schräg darunter etwa 3 mm neben dem ersten Ausstich aus dem Schrägband herauskommen. »

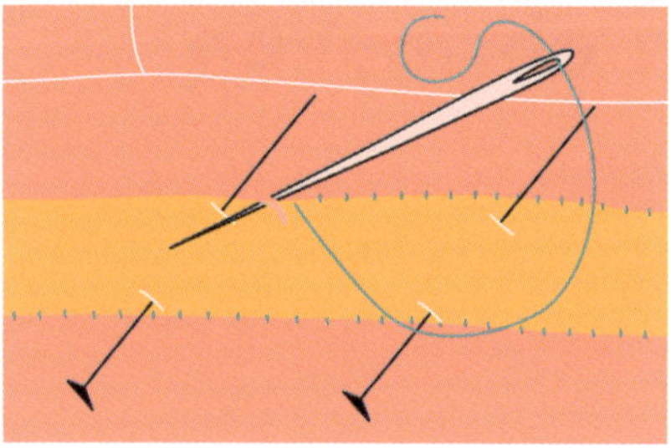

5 Fortfahren und die Oberkante des Schrägbands mit winzigen Stichen festnähen. Das Ende des Bands bündig mit dem Kragen einschlagen und festnähen, dann die Unterkante festnähen.

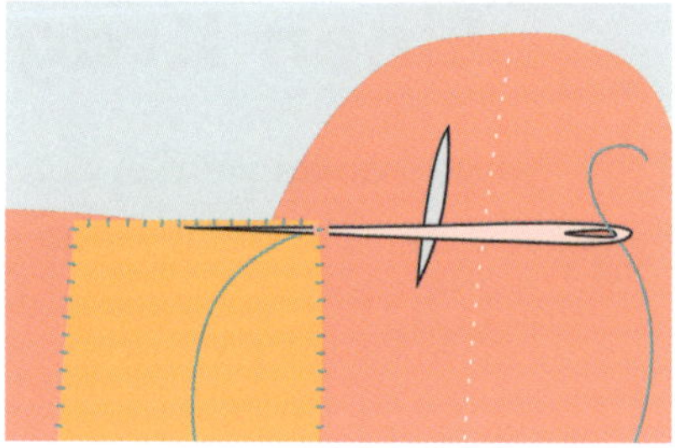

6 Zuletzt einen winzigen Stich durch Kragen und Schrägband nähen. Den Faden durchziehen, bis noch eine kleine Schlaufe bleibt. Die Nadel durch die Schlaufe führen und den Faden fest anziehen, kurz abschneiden.

Manschetten reparieren

Auch durchgewetzte Manschettenkanten kann man mit Schrägband reparieren und verstärken.

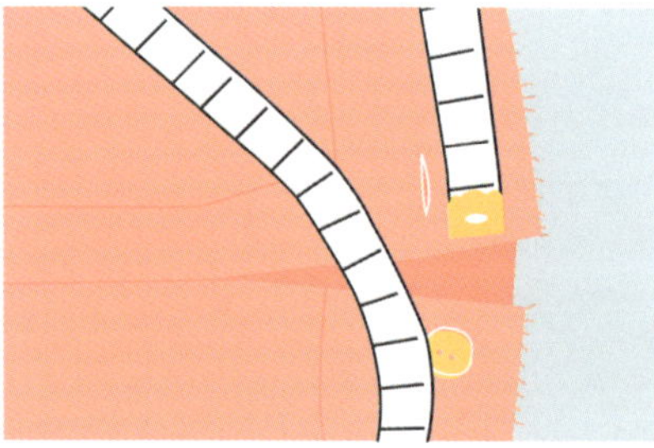

1 Die Länge der Manschettenkante messen. Das Ende des Schrägbands begradigen, dann ein Stück zuschneiden, das 2 cm länger als die gemessene Kante ist.

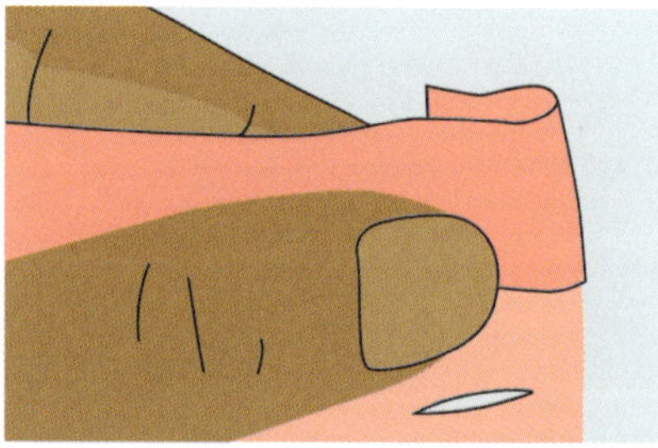

2 Das Schrägband mittig an die Oberkante der Manschette legen. Es steht beidseitig 1 cm über. Ein Ende umschlagen und mit Daumen und Zeigefinger festhalten.

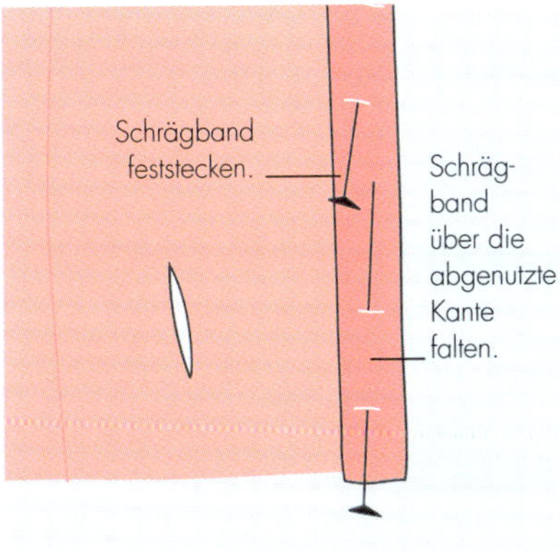

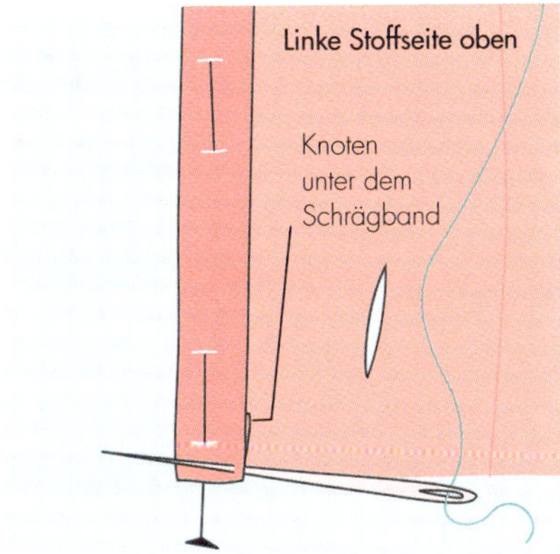

3 Das Schrägband über die abgenutzte Kante falten und feststecken. Das andere Ende des Schrägbands einschlagen und feststecken. Man sieht nun auf jeder Seite nur die halbe Breite des Schrägbands.

4 Nähgarn in eine Nadel einfädeln (siehe Seite 37, Schritt 2). Zuerst auf der Innenseite der Manschette arbeiten. Mit der Nadel von innen nach außen durch das Schrägband stechen, um den Knoten zu verstecken.

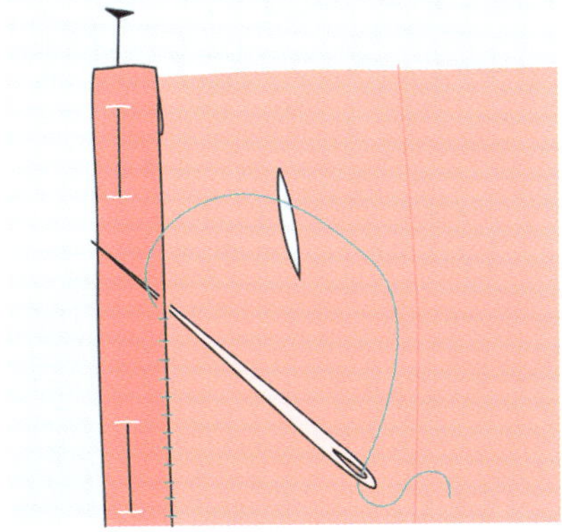

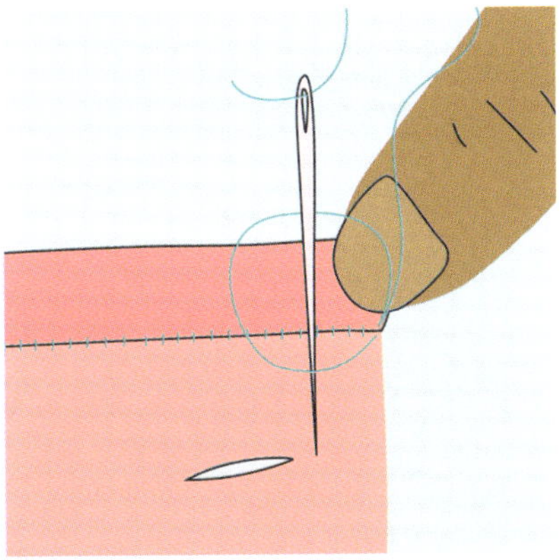

5 Für den ersten Stich Schritt 4 auf Seite 57 wiederholen. Dann die ganze Kante des Schrägbands festnähen. Dabei nur in die obere Stofflage der Manschette einstechen.

6 Am Ende durch alle Stofflagen stechen, die Manschette umdrehen und das Schrägband auf ihrer Außenseite ebenso festnähen. Den Faden sichern und abschneiden (siehe Schritt 6, gegenüber).

Steppnähte reparieren

Steppnähte dienen dazu, stark beanspruchte Nähte zu verstärken oder gestalterische Details zu betonen. Es ist nicht schön, wenn so eine Naht aufgeht, aber der Schaden lässt sich leicht beheben, wenn man den Rückstich kennt.

Du brauchst: Schere/Fadenschneider, Stecknadeln (bei Bedarf), Nähnadel, Steppgarn (oder normales Nähgarn) in passender Farbe

Nähmaschine? Nach Schritt 1 einen geraden Steppstich einstellen und auf einem Stoffrest ausprobieren. Die Stiche sollen möglichst genauso lang sein wie die unbeschädigten Steppstiche am Kleidungsstück.

Linkshändig? Wer möchte, kann in entgegengesetzter Richtung arbeiten.

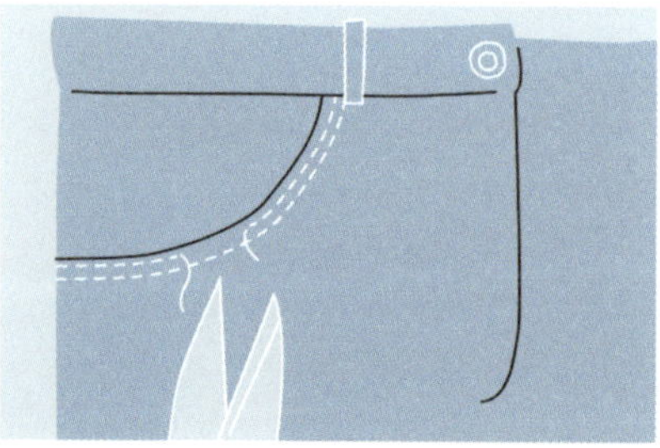

1 Vorsichtig alle losen Fäden von der beschädigten Naht abschneiden. Taschen oder andere Teile, die von der Steppnaht gehalten wurden und sich verschieben können, mit Stecknadeln fixieren.

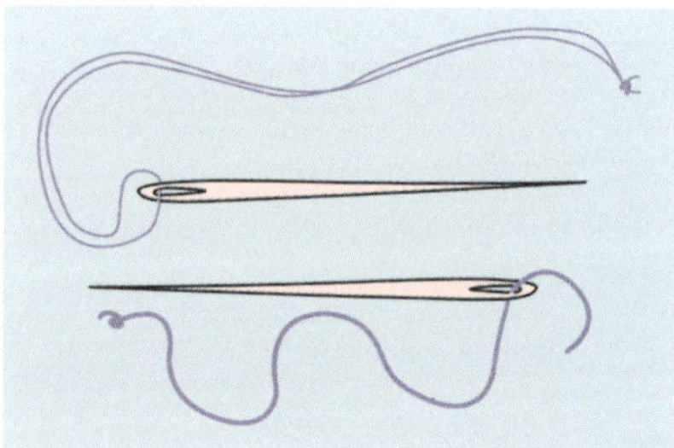

2 Steppgarn in die Nähnadel einfädeln (siehe Seite 37, Schritt 2). Von normalem Nähgarn einen 75 cm langen Faden einfädeln, doppelt nehmen und beide Enden verknoten.

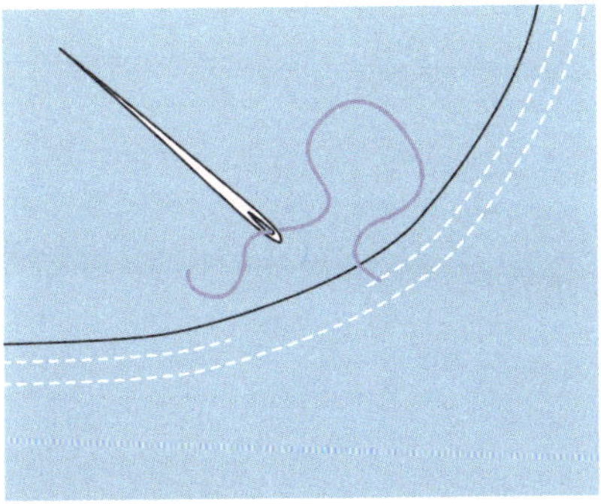

3 Die Lücke in der Steppnaht mit Rückstichen ausfüllen. Zwischen den beiden letzten Stichen der intakten Naht zur rechten Seite des Kleidungsstücks ausstechen und den Faden durchziehen.

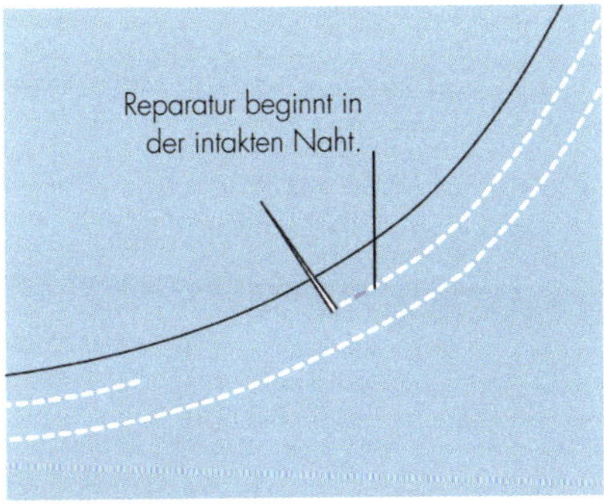

4 Einen Stich nach rechts (also rückwärts) in die intakte Naht nähen, dann zwei Stichlängen weiter links (also im beschädigten Teil) mit der Nadel wieder nach oben kommen. Eine Stichlänge weiter rechts einstechen.

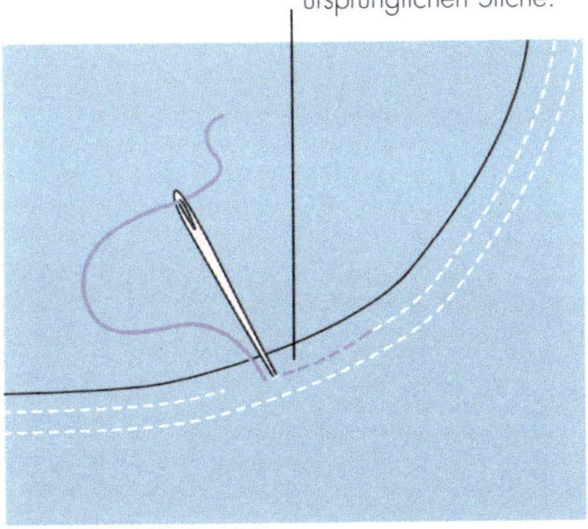

5 Zwei Stichlängen weiter links ausstechen. Fortlaufend wiederholen, bis die Lücke geschlossen ist. Die Stiche sollen so lang sein wie die Stiche der ursprünglichen Naht.

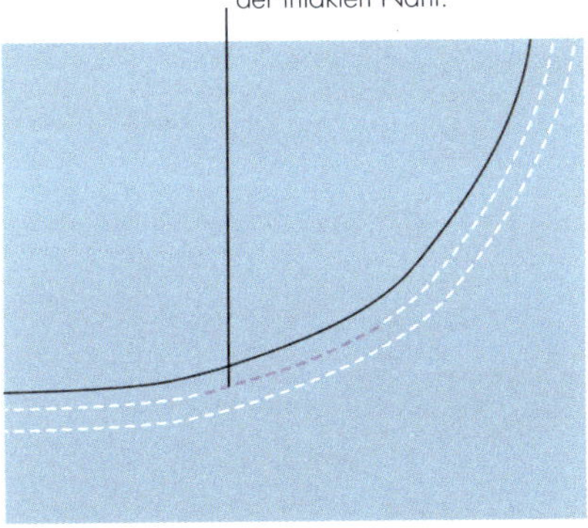

6 Zwei Stiche in die intakte Naht nähen, damit diese nicht weiter aufgeht. Den Faden auf der Innenseite mit zwei winzigen überlappenden Stichen sichern und abschneiden.

Ziersteppereien

STEPPEREIEN VERSTÄRKEN NÄHTE UND BETONEN SIE GLEICHZEITIG. KLEINE SCHÄDEN LASSEN SICH LEICHT BEHEBEN.

Kleidung upcyceln

Warum upcyceln?

Wahrscheinlich hast du einige Kleidungsstücke im Schrank, die keinerlei Schäden haben und die du trotzdem kaum trägst. In diesem Kapitel erfährst du, wie du sie ändern kannst, damit sie zu Lieblingsteilen werden.

Jedes einzelne Stück in deinem Schrank kann so individuell sein wie du selbst. Dafür musst du vielleicht selbst Hand anlegen. In diesem Kapitel lernst du die nötigen Techniken und Tricks kennen.

Wo liegt das Problem?

Von wie vielen Stücken in deinem Schrank kannst du sagen: »Eigentlich ist es völlig in Ordnung, ich mag es nur nicht mehr tragen«? Der Saum ist heil, der Reißverschluss klemmt nicht, es hat keine Löcher. Irgendwann gefiel es dir, denn schließlich hast du es ja gekauft. Vielleicht hattet ihr beide auch ein paar schöne Stunden miteinander. Aber inzwischen lässt du es immer hängen, wenn du dich anziehst. Es ist kein funktionierender Bestandteil deiner Garderobe, sondern nimmt nur Platz im Schrank weg.

Nutze deine kreativen Fähigkeiten und gib unbenutzten Kleidern eine zweite Chance.

Nachhaltig denken

Natürlich könntest du das unbenutzte Kleidungsstück spenden. Aber nur ein kleiner Teil der gespendeten Kleidung wird tatsächlich noch einmal getragen. Vieles wird ins Ausland exportiert oder geschreddert und zu Putzlappen oder Dämmmaterial verarbeitet.

Nachhaltigkeit im Sinne von Slow Fashion bedeutet auch, sich bewusst zu machen, wie viel Rohstoffe, Energie und Arbeitskraft nötig sind, um Kleidung zu produzieren. Überlege also genau, warum du ein Kleidungsstück nicht mehr trägst.

Ein Kleidungsstück kann sich noch weiterentwickeln, nachdem Designer und Textilarbeiter ihre Arbeit getan haben.

Gib Kleidung eine zweite Chance

Manchmal hat es Gründe, dass man ein Kleidungsstück nicht gern trägt. Es sitzt nicht richtig, der Saum schleift auf dem Boden, oder es hat keine Tasche für das Handy. Bei anderen sind die Probleme schwieriger aufzuspüren, vor allem, wenn sie mehr mit Ästhetik als mit den praktischen Aspekten zu tun haben. Oft gibt es aber Möglichkeiten, auch solchen Teilen eine zweite Chance zu geben. Schau ruhig einmal, auf welche Ideen andere Leute gekommen sind!

Es ist ein Jammer, sich von einem hochwertigen Stück zu trennen, nur weil es sich irgendwie »bäh« anfühlt. Lass dir etwas einfallen. Mit etwas Kreativität kann man vielen ungenutzten Kleidungsstücken neues Leben einhauchen.

Kleinigkeit oder große Änderung?

Vielleicht musst du eine Hose nur um 2 cm kürzen, damit sie die perfekte Länge hat. Ein knielanger Rock kann mit einer kontrastfarbenen Rüsche zu einem coolen Midi werden. Solche Ideen können dafür sorgen, dass du wieder Lust bekommst, ein älteres Kleidungsstück anzuziehen.

Du musst dich auch nicht auf eine Änderung beschränken. Wenn du ein schlichtes Hemdblusenkleid hast, könntest du es mit Taillenabnähern auf Figur bringen und neue, witzige Knöpfe annähen. Eine Tunika, in der du versinkst, kann an den Seiten enger genäht werden und Gummibänder in den Ärmelabschlüssen bekommen. Du hast eine praktische Jacke in deiner Lieblingsfarbe, aber die Ärmel sind zu eng? Trenne die Ärmel heraus und mach eine Weste daraus. Und wenn du gerade dabei bist, kannst du auch eine Tasche in der richtigen Größe für dein Smartphone aufnähen.

So individuell wie du

Wer einige Nähtechniken und Tricks kennt, kann fast jedes Kleidungsstück individualisieren. Ein Kleidungsstück kann sich noch weiterentwickeln, nachdem Designer und Textilarbeiter ihre Arbeit getan haben. In diesem Kapitel lernst du, deine Garderobe so abzuwandeln und aufzupeppen, dass sie genau zu deinem Stil und zu deinen Bedürfnissen passt.

Einen Saum kürzen

Wenn man Kleidung kauft, sitzt der Saum nicht immer da, wo man ihn gern hätte. Manchmal genügt es schon, ihn um 2 cm zu kürzen. Das ist eine Änderung, die auch ohne viel Übung leicht gelingt.

Tipp

Das Kürzen kann auch drastischer ausfallen: Lange Ärmel können zu kurzen werden, eine Jeans wird zu einem Paar Shorts oder ein Kleid zu einem Top.

Du brauchst: Stecknadeln, Maßband, Markierwerkzeug, Schneiderschere, Bügeleisen, Nähnadel, Nähgarn in passender Farbe, Schere/Fadenschneider

Nähmaschine? In Schritt 6 für einen sichtbaren Saum in gewebtem Stoff einen geraden Steppstich einstellen, für Jersey und Strick einen dreistufigen Zickzackstich.

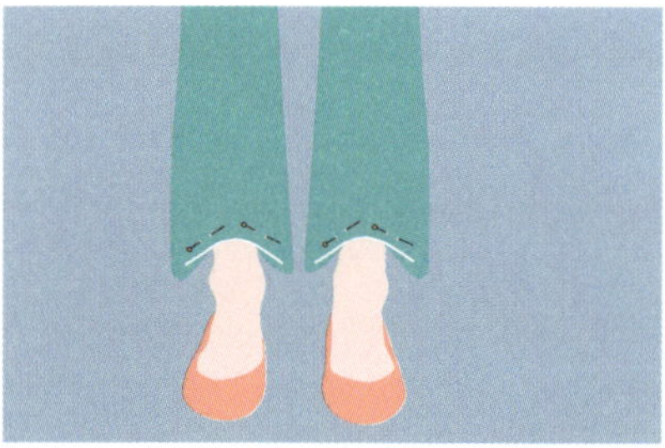

1 Probiere das Kleidungsstück mit passenden Schuhen vor einem Spiegel an. Nun den Saum auf die gewünschte Länge umschlagen und provisorisch feststecken.

2 Das Kleidungsstück ausbreiten, die rechte Stoffseite liegt oben. Auf der Faltlinie eine neue Stecknadel hineinstecken, um die neue fertige Länge zu markieren. Alle anderen Stecknadeln herausziehen.

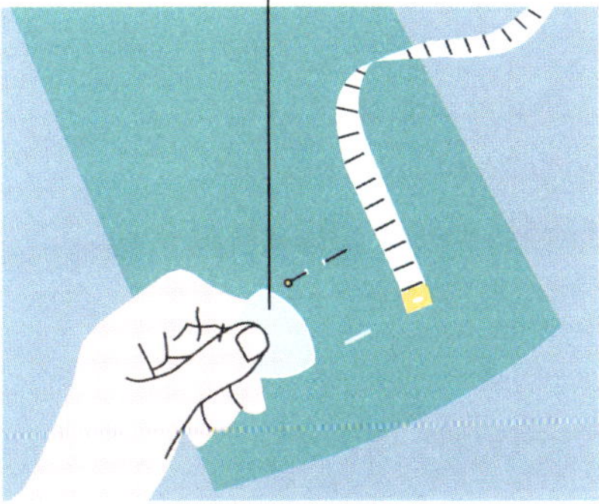

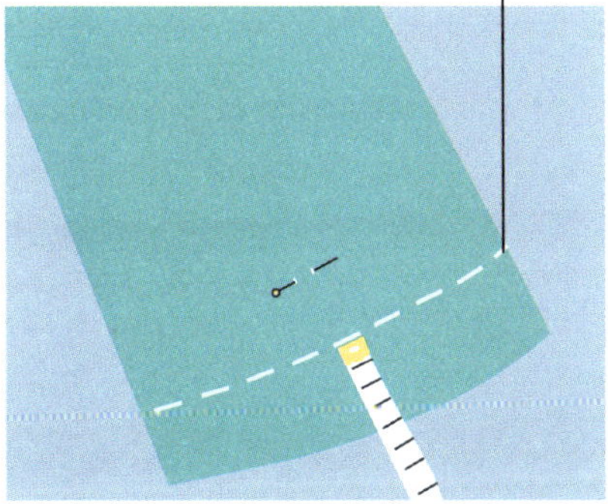

3 Unter der Stecknadel einen Strich für die Saumzugabe anzeichnen. Bei gewebtem Stoff sollte sie 4 cm breit sein, um die Schnittkante zu verstecken. Bei Strick und Jersey genügen 2 cm Saumzugabe.

4 Den Abstand von der alten Kante zum Strich messen. Dann die neue Linie ringsherum im gleichen Abstand anzeichnen. Den überschüssigen Stoff abschneiden.

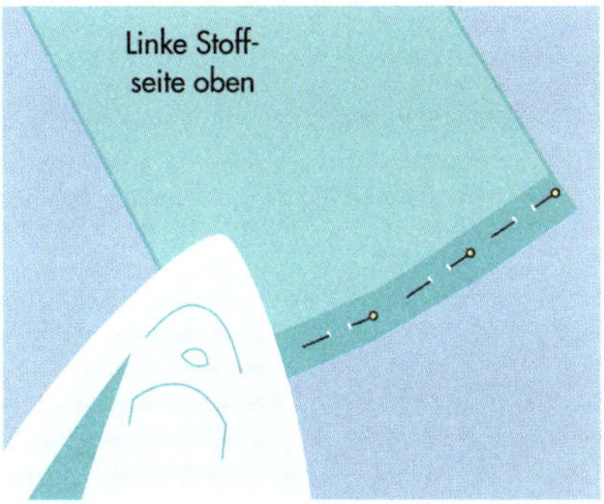

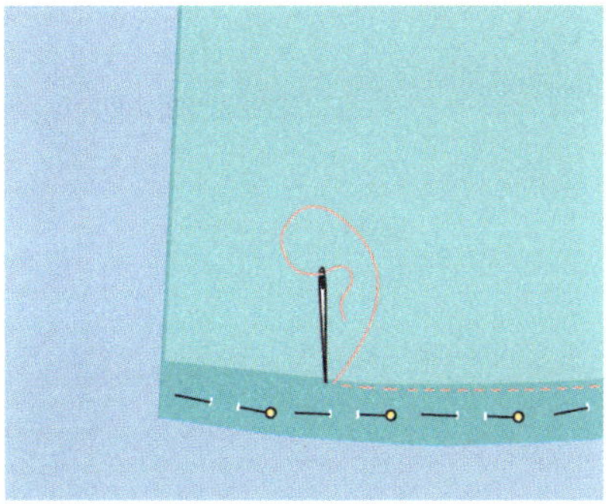

5 Das Kleidungsstück auf links drehen. Die Unterkante 2 cm einschlagen, bügeln und stecken. Bei gewebtem Stoff nochmals 2 cm einschlagen, damit die Schnittkante verdeckt liegt. Wieder bügeln.

6 Gewebten Stoff mit Saumstich (siehe Seite 37–38) oder Vorstich (siehe Seite 42) umnähen. Strick und Jersey mit lockeren Vorstichen umnähen, damit sich die Saumnaht dehnen kann. Die Saumkante bügeln.

Einen Saum verlängern

Leider gibt es keinen Zauberspruch, mit dem man ein zu kurzes Kleidungsstück wachsen lassen kann. Aber wie wäre es, einen kontrastfarbenen Streifen oder eine romantische Rüsche anzusetzen?

Du brauchst: **Kontrastfarbener Streifen:** Maßband, Nahttrenner, Markierwerkzeug, Stoff für den kontrastfarbenen Streifen, Schneiderschere, Stecknadeln, Bügeleisen, Bügelbrett, Nähnadel, Nähgarn (passend zum kontrastfarbenen Stoff), Schere/Fadenschneider

Verspielte Rüsche: Maßband, Nahttrenner, Markierwerkzeug, Schneiderschere, Stoff für die Rüsche, Stecknadeln, Nähnadel, Nähgarn (passend zur Rüsche), Bügeleisen, Bügelbrett, Schere/Fadenschneider

Nähmaschine? Zum Säumen in Schritt 3 und 4 (Seite 87): sichtbarer Saum in gewebtem Stoff mit geradem Steppstich, in Strick/Jersey mit dreistufigem Zickzackstich

Annähen der Rüsche in Schritt 6 (Seite 86 und 87): gerader Steppstich statt Vorstich

Kontrastfarbener Streifen

Diese Methode eignet sich für gerade und leicht ausgestellte Kleidungsstücke aus relativ festem Stoff. Der angesetzte Stoff muss in Art und Material zum Kleidungsstück passen.

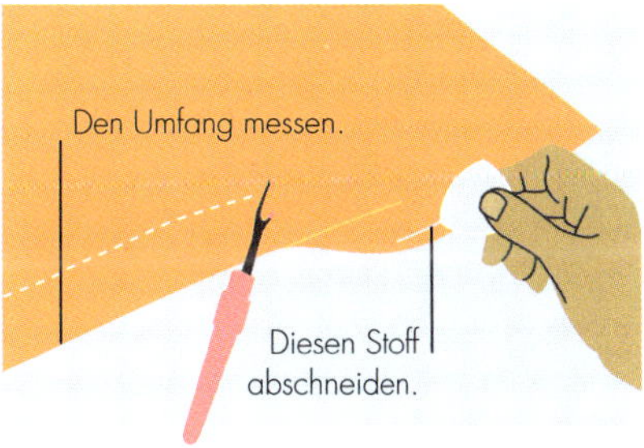

1 Das Kleidungsstück anziehen und die Extralänge festlegen. Den Umfang der Unterkante messen, den Saum auftrennen und 1 cm unter der Saumkante eine Linie anzeichnen. Den Stoff hier abschneiden.

2 Auf dem neuen Stoff ein Rechteck anzeichnen. Seine Länge entspricht dem gemessenen Umfang plus 2 cm Nahtzugabe. Falls der Stoff nicht breit genug ist, zwei Stücke zusammennähen.

3 Die Breite des Rechtecks entspricht der Extralänge plus 1 cm Nahtzugabe plus Saumzugabe (4 cm für gewebte Stoffe, 2 cm für Jersey/Strick). Das angezeichnete Rechteck zuschneiden.

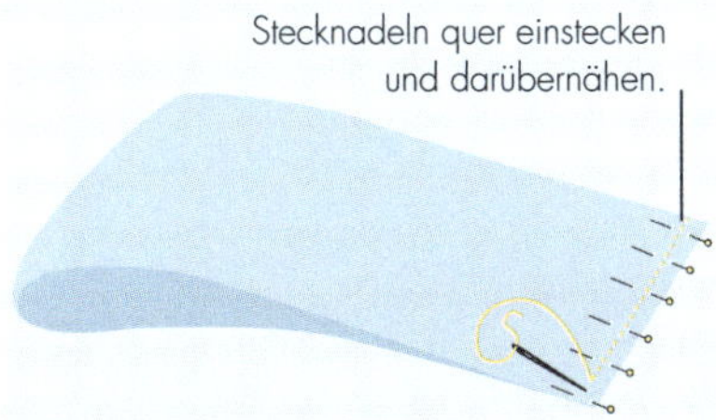

4 Die Schmalseiten rechts auf rechts aufeinanderlegen und mit 1 cm Kantenabstand mit Vorstichen zusammennähen. Die Unterkante säumen (siehe Seite 83, Schritt 5 und 6). **»**

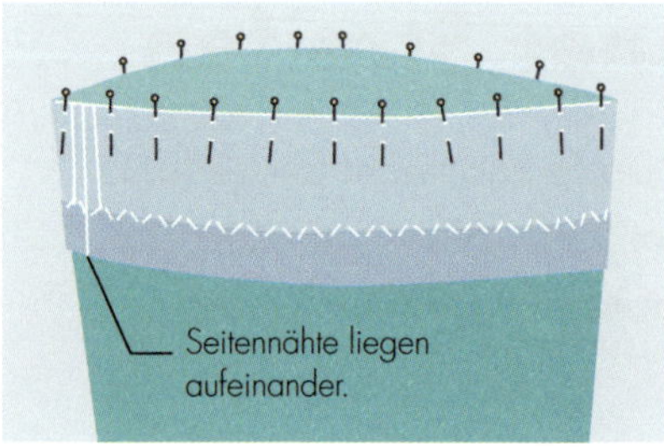

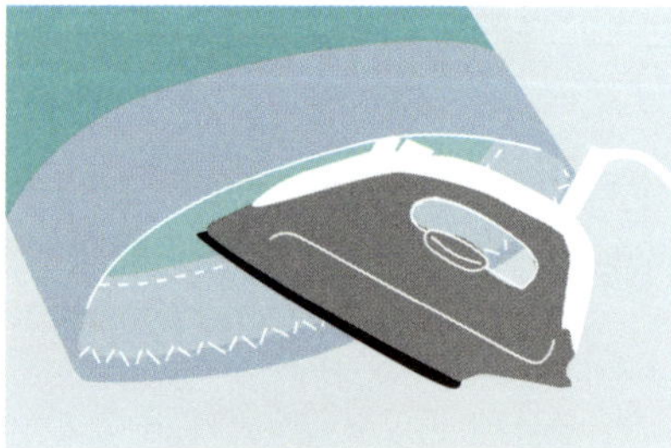

5 Den neuen Streifen rechts auf rechts an die Unterkante des Kleidungsstücks legen. Die Seitennähte liegen aufeinander. Die beiden Teile zusammenstecken.

6 Die Teile mit Vorstichen mit 1 cm Kantenabstand zusammennähen. Den neuen Streifen herunterklappen und die Nahtzugabe auf der Innenseite nach oben (zum Kleidungsstück) bügeln.

Verspielte Rüsche

Eine romantische Rüsche sieht an geraden oder ausgestellten Kleidungsstücken aus leichteren Stoffen hübsch aus.

1 Zuerst die gewünschte Extralänge ermitteln (siehe Seite 85, Schritt 1). Wenn der Saum schmaler als 1 cm ist, muss er nicht aufgetrennt werden. Für eine Rüsche wird mehr Stoff benötigt als für einen Streifen.

2 Das Rechteck für die Rüsche vorzeichnen. Je nachdem, wie voluminös die Rüsche sein soll, ist es 1,5–2-mal so lang wie der Umfang. Die Breite wie in Schritt 3 auf Seite 85 berechnen.

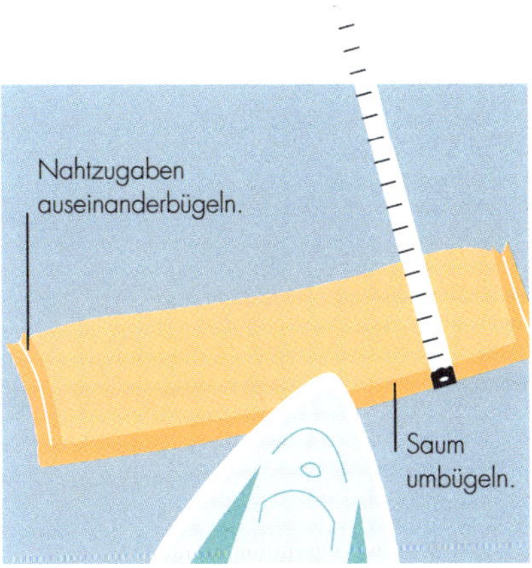

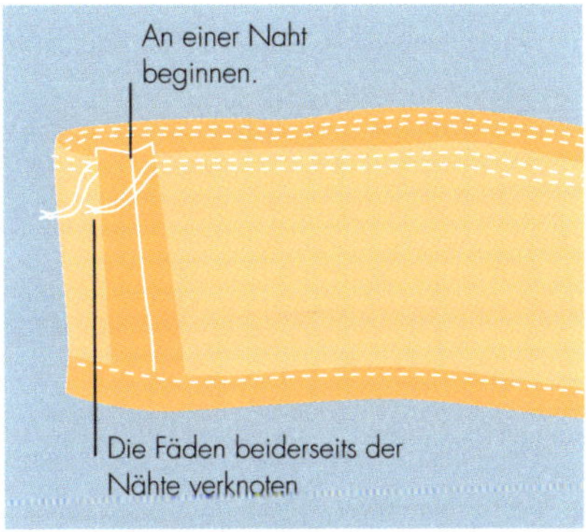

3 Ist der Stoff nicht breit genug, die Rüsche aus zwei gleichen Rechtecken zusammensetzen. Die Schmalseiten zusammennähen und bügeln (Seite 85, Schritt 4) und die Nähte auseinanderbügeln. Als unteren Abschluss den Stoff je nach gewünschter Saumbreite nach innen umschlagen und bügeln.

4 Den unteren Saum mit Saumstichen umnähen. Zwei Reihen Vorstiche in 1,3 cm und 0,7 cm Abstand zur Oberkante nähen, an beiden Seiten lange Fadenenden hängen lassen und mit Doppelknoten zusammenbinden.

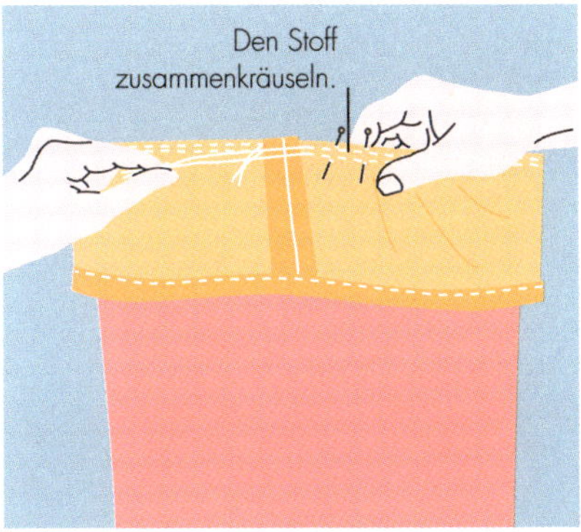

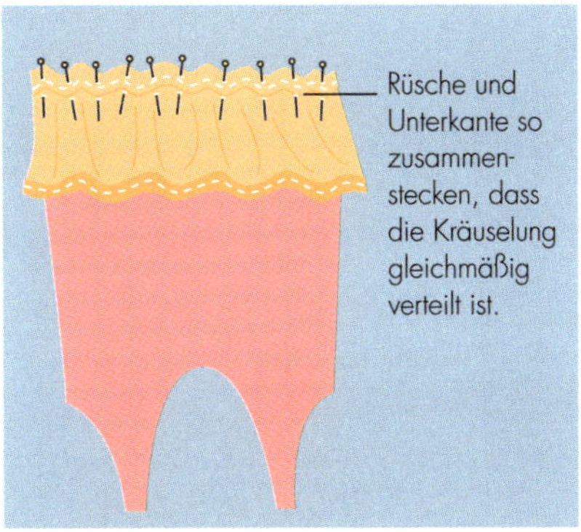

5 Zwei verknotete Fäden mit einer Hand festhalten. Mit der anderen Hand den Stoff langsam auf den Fäden zusammenschieben, sodass er sich kräuselt. Fortfahren, bis die gekräuselte Kante so lang ist wie der Umfang des Kleidungsstücks.

6 Die Fadenenden verknoten. Die Kräuselung gleichmäßig verteilen. Dann die Rüsche ans Kleidungsstück stecken und nähen (Schritt 5 und 6, gegenüber). Anschließend die Kräuselfäden herausziehen.

Kontrastfarbene Streifen und Rüschen

SAUMVERLÄNGERUNGEN KÖNNEN SACHLICH, NIEDLICH ODER ROMANTISCH AUSSEHEN.

Eine Tasche aufsetzen

Es ist schade, wenn Kleidung zu kleine oder gar keine Taschen hat. Aber was spricht dagegen, einfach selbst eine Tasche aufzusetzen, und zwar in einer Größe, die du selbst bestimmst? Wie es geht, erfährst du hier.

Du brauchst: 1 Blatt Papier, Bleistift, Lineal, Papierschere, Stoff für die Tasche (am besten gewebt und nicht dehnbar), Stecknadeln, Schneiderschere, Bügeleisen, Bügelbrett, Maßband, Nähnadel, Nähgarn (passend zum Taschenstoff), Sicherheitsnadeln, Schere/Fadenschneider

Nähmaschine? Anstelle des Vorstichs den geraden Steppstich verwenden.

Tipp

Bei den Farben und Mustern für die Tasche hast du die freie Wahl. Der Stoff darf dabei nicht zu dünn sein und sollte aus einem festen, nicht elastischen Gewebe bestehen.

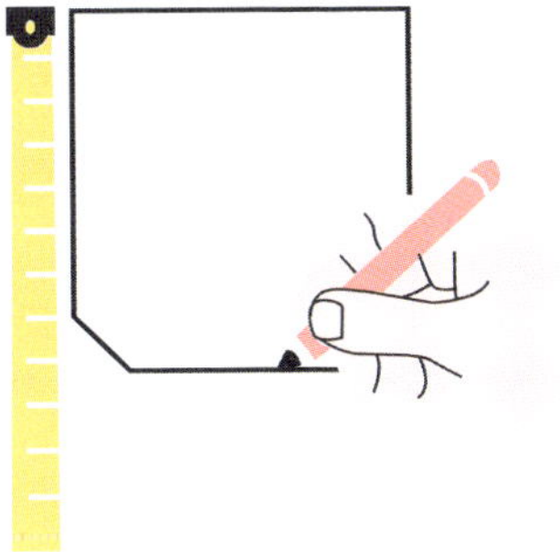

1 Die Form der Tasche grob auf Papier vorzeichnen. Sie sollte so groß sein, dass eine Hand gut hineinpasst. Dann die Tasche sorgfältiger mit einem Lineal vorzeichnen und die Ecken gleichmäßig abschrägen.

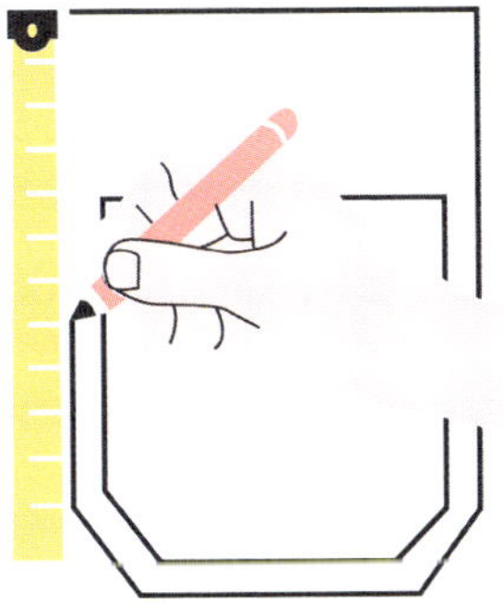

2 An der Oberkante 4 cm zugeben, an den anderen Seiten 1 cm. Diese Zugaben mit dem Lineal anzeichnen. Das Schnittmuster mit der Papierschere auf der äußeren Konturlinie ausschneiden.

3 Das Schnittmuster auf den Taschenstoff stecken, dann die Tasche mit der Schneiderschere aus dem Stoff ausschneiden. Du kannst nach diesem Schnittmuster auch mehrere Taschen zuschneiden.

4 Die Oberkante der Tasche 2 cm zur linken Stoffseite umbügeln. Nochmals 2 cm umfalten und wieder bügeln. Einen 30 cm langen Faden in eine Nähnadel einfädeln. Einen Knoten in ein Ende binden. »

5 Auf der Innenseite der Tasche an der Kante einen kleinen Vorstich nähen. Dabei verschwindet der Knoten unter der umgeschlagenen Kante. Dann durch alle Stofflagen zur Außenseite stechen und 5 mm weiter links zur Innenseite.

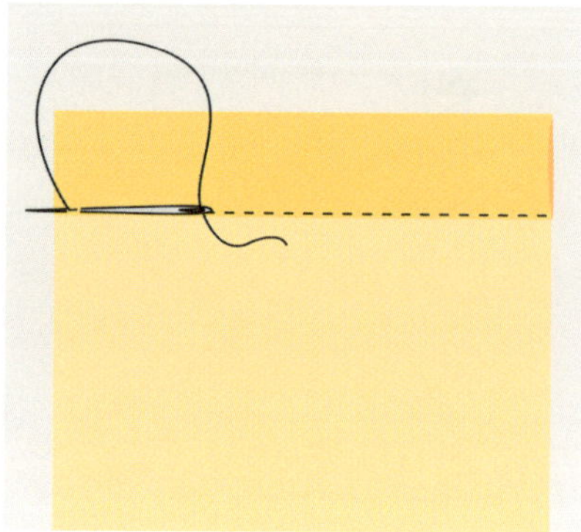

6 Den Faden ganz durchziehen. Weitere Vorstiche mit 5 mm Länge und Abstand nähen, bis das andere Ende der Taschenoberkante erreicht ist. Den Faden mit zwei kleinen, überlappenden Stichen sichern und abschneiden.

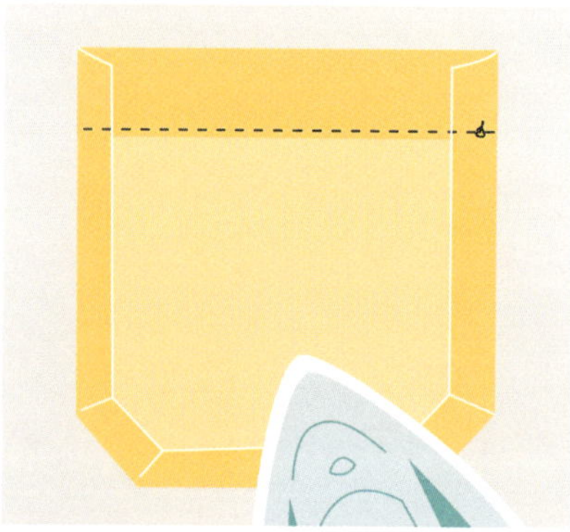

7 Die drei anderen Kanten 1 cm zur linken Stoffseite umbügeln. Schräge oder runde Kanten sorgfältig bügeln, damit keine Fältchen entstehen. Die Tasche umdrehen und von rechts bügeln, damit sie gut in Form bleibt.

8 Die Tasche mit Sicherheitsnadeln an das Kleidungsstück stecken. Taschen müssen gut erreichbar sein, und es sollte nichts herausfallen. Das Kleidungsstück anprobieren. Falls nötig, die Position der Tasche korrigieren.

9 Das Kleidungsstück flach ausbreiten. Die Tasche mit Stecknadeln – in Abständen von 2,5 cm und rechtwinklig zur Taschenkante – nur an der oberen Stofflage des Kleidungsstücks feststecken. Die Taschenöffnung bleibt lose.

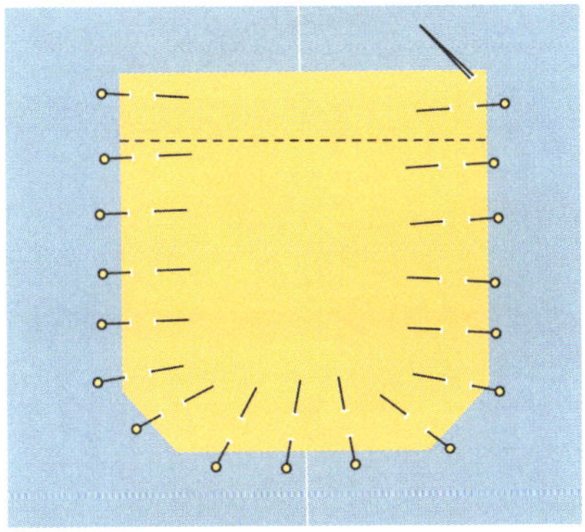

10 Einen 45 cm langen Faden (oder mehr, wenn die Tasche groß ist) in eine Nähnadel einfädeln und einen Knoten ins Ende binden. An einer oberen Ecke in 3 mm Abstand zur Taschenkante nach oben stechen.

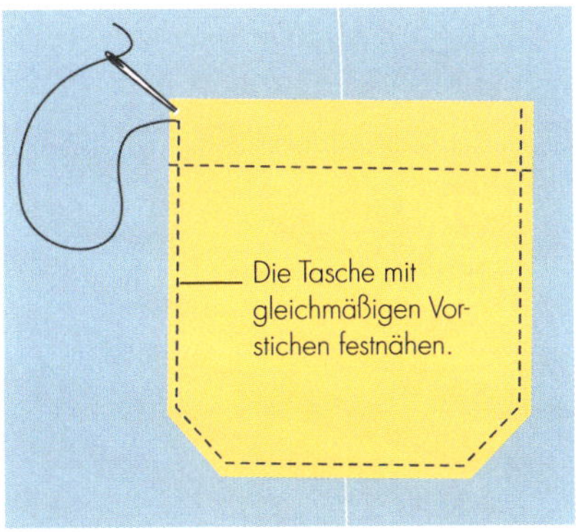

11 Den Faden durchziehen. 5 mm weiter links einstechen. Mit 5 mm großen Vorstichen fortfahren, bis die ganze Tasche (nicht die Oberkante!) festgenäht ist. Den Faden mit zwei kleinen, überlappenden Stichen sichern und abschneiden.

12 Einen doppelten Faden einfädeln (siehe Seite 30). An jeder oberen Ecke von innen herausstechen und einen schrägen Stich nähen. Mehrmals wiederholen, dann einen schrägen Strich in der anderen Richtung nähen. So entsteht ein X.

Aufgesetzte Taschen

TASCHEN SIND NICHT NUR PRAKTISCH. SIE KÖNNEN AUCH EIN LUSTIGES ODER DEKORATIVES STATEMENT SEIN.

Seitennähte enger machen

Ob Top oder Kleid, Jeans oder Rock, T-Shirt oder Pullover: Fast jedes ungefütterte Kleidungsstück, das zu weit ist, kann man enger machen, damit es wieder gut sitzt. Hier erfährst du, wie du dabei am besten vorgehst.

Du brauchst: Stecknadeln, Markierwerkzeug, Maßband, Nähnadel, Nähgarn in passender Farbe, Schere/Fadenschneider, Schneiderschere

Nähmaschine? In Schritt 4 anstelle des Vorstichs den geraden Steppstich verwenden.

Tipp

Vorsicht: Zu eng ist auch nicht gut. Du möchtest dich in deiner Kleidung ja bewegen, strecken, beugen und hinsetzen können. Geh lieber zurückhaltend vor. Notfalls kannst du das gute Stück ja noch ein zweites Mal enger nähen.

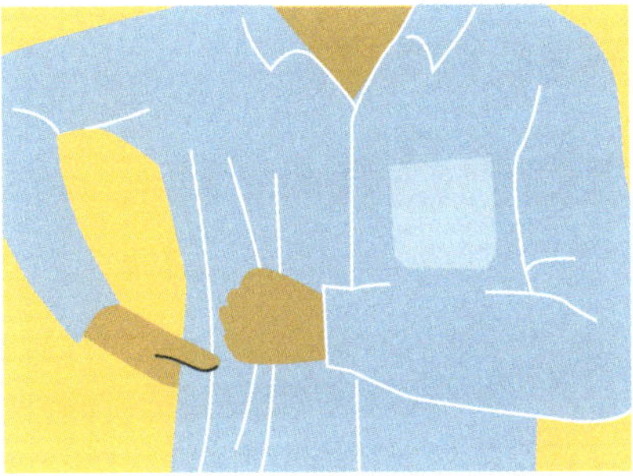

1 Das Kleidungsstück vor dem Spiegel anprobieren und die überflüssige Weite mit der Hand an der Seitennaht abgreifen (bei Ärmeln an der Ärmelnaht). Verschiedene Weiten abgreifen oder abstecken, bis der gewünschte Sitz erreicht ist. Die Stecknadeln wieder herausziehen.

2 Das Kleidungsstück auf links anziehen und erneut vor dem Spiegel abstecken. Die Nadeln parallel zur alten Naht einstecken. Sie markieren die neue Nahtlinie. Unbedingt auf beiden Seiten gleich viel Weite wegnehmen! Das Kleidungsstück vorsichtig ausziehen, die Stecknadeln bleiben darin.

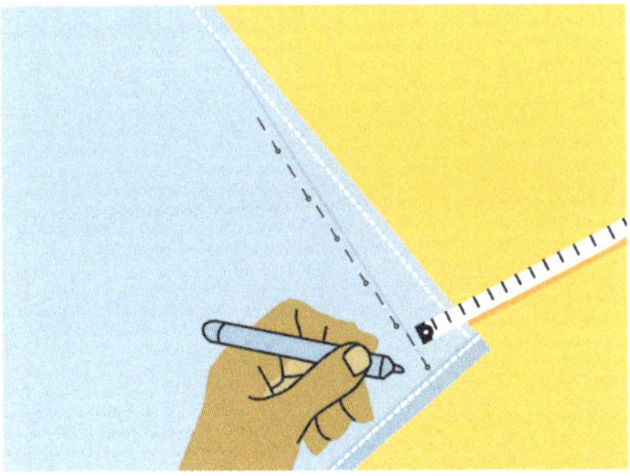

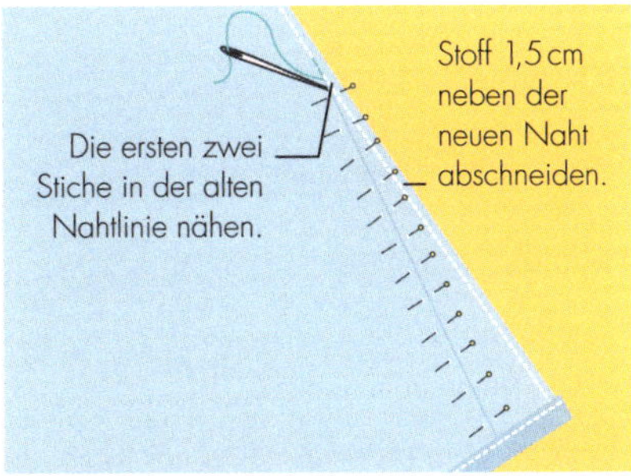

3 Das Kleidungsstück flach ausbreiten und anhand der Stecknadeln die neue Nahtlinie anzeichnen. Die neue Linie soll fließend in die ursprüngliche Naht übergehen. Auf der anderen Seite wiederholen. Nachmessen, ob der Abstand der neuen Linie zur alten Naht auf beiden Seiten gleich ist.

4 Auf der neuen Linie Stecknadeln rechtwinklig zur Stoffkante einstechen. Nähgarn einfädeln (siehe Seite 37, Schritt 2) und mit Vorstichen auf der markierten Linie nähen (siehe Seite 63, Schritt 4–5). An der anderen Seitennaht wiederholen. Den überflüssigen Stoff 1,5 cm außerhalb der neuen Naht abschneiden.

Enger machen mit Taillenabnähern

Fast alle hüftlangen oder längeren Oberteile, die ein bisschen formlos sind, lassen sich so ändern, dass sie eleganter aussehen. Das gilt für Kleider, Tuniken, Shirts, Blusen und Tops. Von vorn ist die Änderung kaum zu sehen. Zauberei? Nein, Taillenabnäher!

Du brauchst: Stecknadeln, Maßband, Markierwerkzeug, Lineal, Nähnadel, Nähgarn in passender Farbe, Schere/Fadenschneider, Bügeleisen, Bügelbrett

Nähmaschine? In Schritt 10 anstelle des Vorstichs den geraden Steppstich verwenden.

Tipp

Die natürliche Taille liegt höher, als die meisten Leute annehmen. Um sie zu finden, stelle dich vor einen Spiegel und beuge den Oberkörper zur Seite. Lege die Hand auf den »Knick« in deinem Rumpf: Da liegt deine Taille.

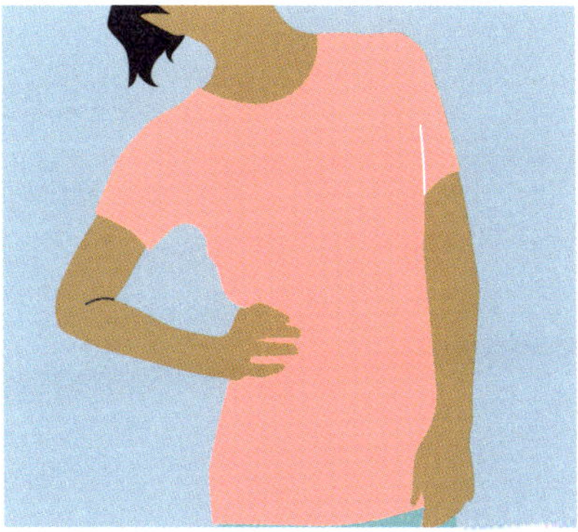

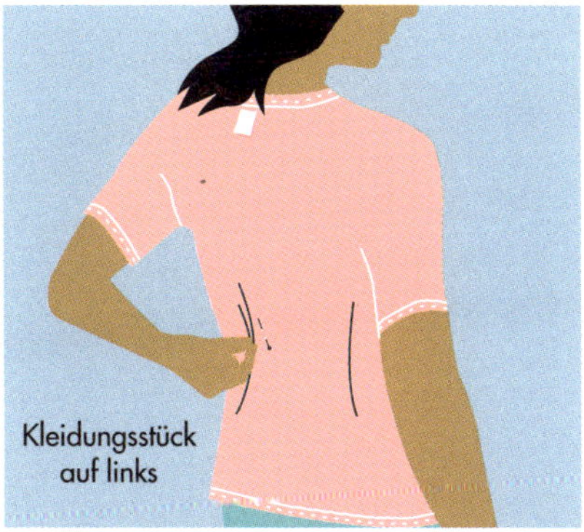

1 Das Kleidungsstück vor dem Spiegel anprobieren und auf beiden Seiten in Taillenhöhe (siehe Tipp) die überflüssige Weite abgreifen. Probiere verschiedene Varianten aus. Zu eng darf das Kleidungsstück aber nicht werden.

2 Das Kleidungsstück nun auf links anziehen. Wieder die Mehrweite beidseitig abgreifen, dann auf Taillenhöhe abstecken. Die Nadeln senkrecht platzieren. Die Abnäher sollen die gleiche Tiefe haben. Lass dir beim Abstecken helfen!

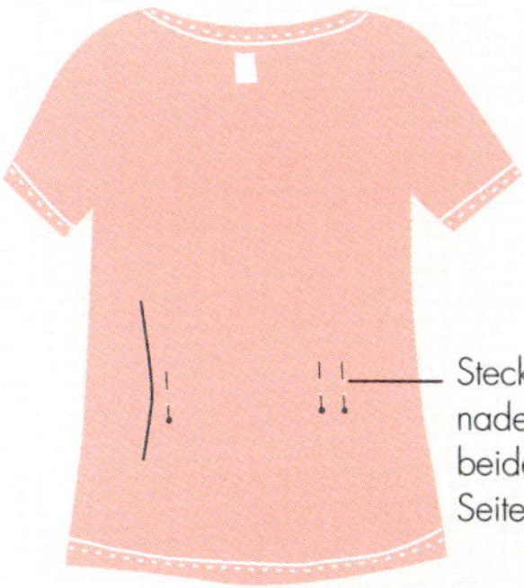

3 Das Kleidungsstück vorsichtig ausziehen und ausbreiten. An beiden Seiten des Abnähers eine Nadel in den Stoff stecken, dann die Nadel entfernen, damit der Stoff flach liegt. Auf der anderen Seite wiederholen.

4 Auf beiden Seiten den Abstand von der Seitennaht zur äußeren Stecknadel messen. Die Maße addieren und durch 2 teilen. Das Ergebnis aufschreiben. Es ist der durchschnittliche Abstand der Abnäher zur Seitennaht. »

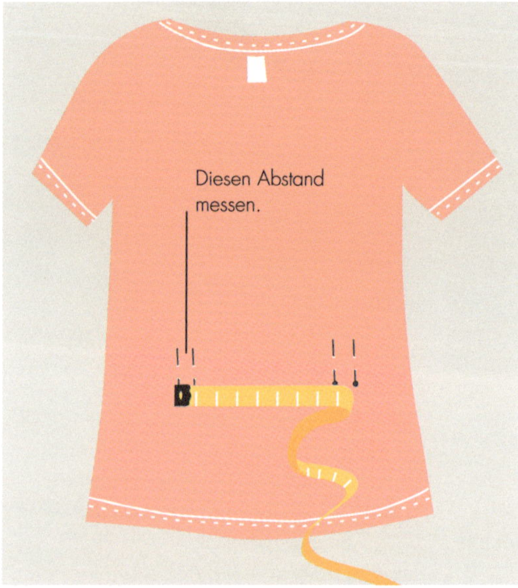

Tipp: Führe die Schritte 4–9 mit deinen Messergebnissen zuerst auf Papier durch. So übst du, die Abnäher zu zeichnen, bevor du sie auf dem Kleidungsstück anzeichnest. Fehler lassen sich nur schwer beheben.

5 Jetzt den Abstand zwischen den Stecknadelpaaren messen, ebenfalls addieren und durch 2 teilen. Dies ist die durchschnittliche Breite der Abnäher. Das Ergebnis notieren. Beide Werte brauchst du, um den Abnäher auf Papier vorzuzeichnen.

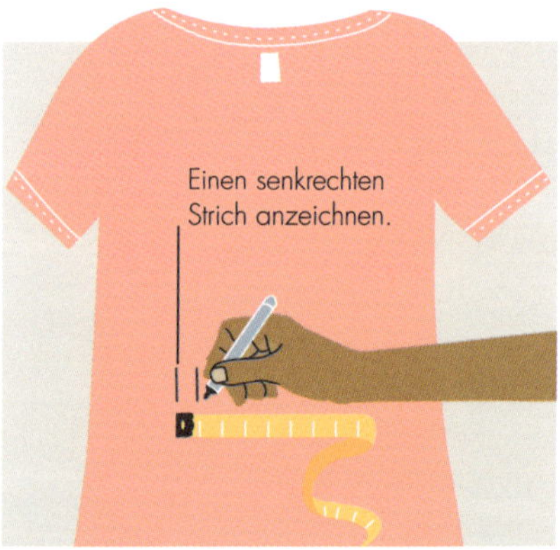

6 Die Stecknadeln entfernen. In Taillenhöhe von der Seitennaht aus das Ergebnis von Schritt 4 anzeichnen, dann für die Breite des Abnähers das Ergebnis von Schritt 5 anzeichnen. Auf der anderen Seite wiederholen.

Tipp

Die Abnäher in Vorderteil und Rückenteil sollten gleichmäßig und nicht zu tief sein. Wenn du vorn mehr Weite wegnimmst als hinten, verzieht sich das Kleidungsstück und sitzt schlecht.

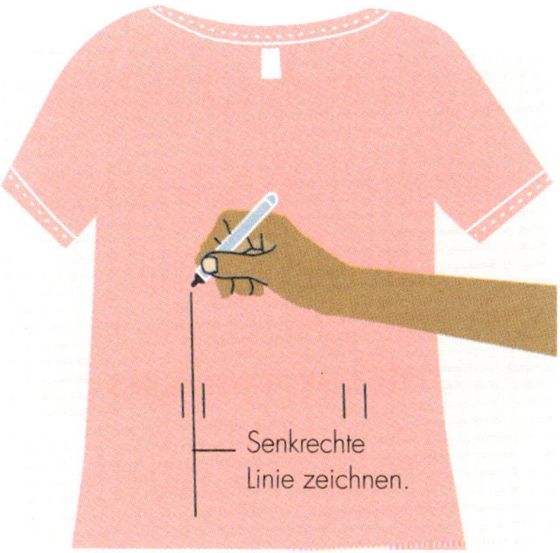

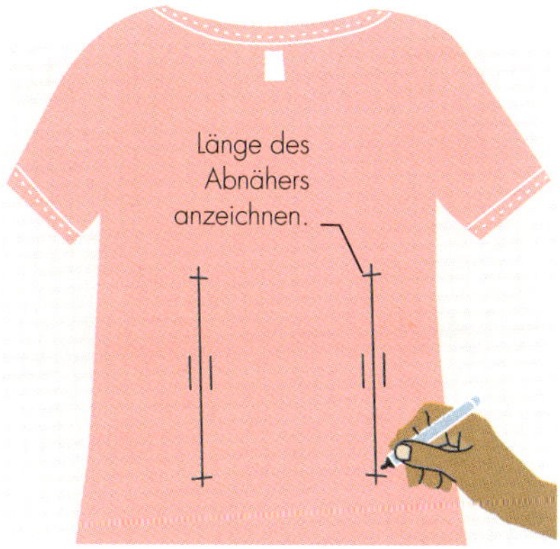

7 Die Breite der Abnäher ist angezeichnet. Für die Länge rechtwinklig zur Taille eine senkrechte Linie zwischen den beiden Markierungen ziehen. Sie reicht nach oben und unten mindestens 15 cm über die Taille hinaus.

8 Wenn der Abnäher 3,5 cm oder breiter ist, 15 cm über und unter der Taille auf der senkrechten Linie einen kleinen Strich anzeichnen. Ist der Abnäher schmaler, liegen diese Striche 12 cm über und unter der Taille.

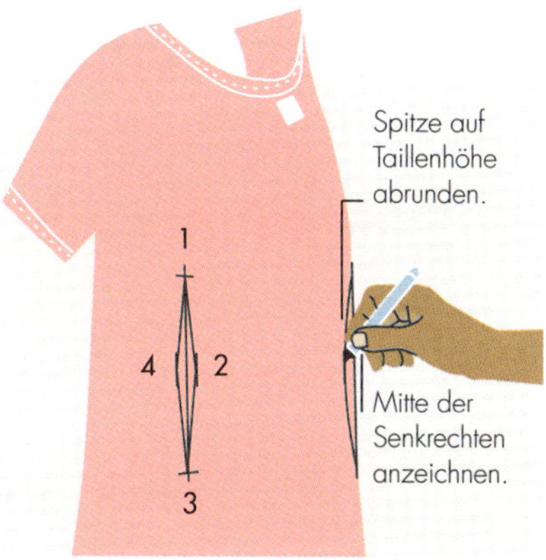

9 Die vier Punkte zu einer Raute verbinden. Das Kleidungsstück rechts auf rechts an der senkrechten Linie falten und die Spitze auf Taillenhöhe abrunden. Auf der anderen Seite wiederholen.

10 Nun Stecknadeln rechtwinklig zum Abnäher einstecken. Auf der Markierungslinie mit Vorstichen nähen (siehe auch Seite 59, Schritt 3–6). Beide Abnäher nähen, Stecknadeln entfernen und dann vorsichtig zur hinteren Mitte bügeln.

Kleidung weiter machen

Manche Kleidungsstücke versauern im Schrank, weil sie ein bisschen zu eng sind. Manchmal hilft es, einen Streifen in die Seiten- und Ärmelnaht einzusetzen, damit ein Top oder Kleid wieder gut passt.

Du brauchst: Nahttrenner, Maßband, Markierwerkzeug, Stoff für den Streifen (passend zum Kleidungsstück), Schneiderschere, Bügeleisen, Bügelbrett, Nähnadel, Nähgarn (passend zum Kleidungsstück), Schere/Fadenschneider, Stecknadeln

Nähmaschine? Säumen (Schritt 4): bei gewebtem Stoff mit geradem Steppstich, bei Strick/Jersey mit dreistufigem Zickzackstich.
Einsetzen: bei gewebtem Stoff mit geradem Steppstich, bei Strick/Jersey mit einem schmalen Zickzackstich, der etwas dehnbar ist.

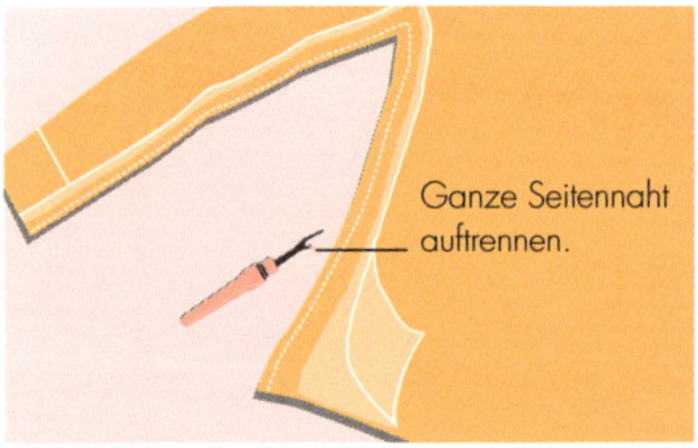

1 Seiten- und Ärmelnaht vorsichtig auftrennen, bei ärmellosen Modellen die Seitennaht des Belegs am Armausschnitt. Beleg und Außenstoff werden in den folgenden Schritten wie ein Teil verarbeitet.

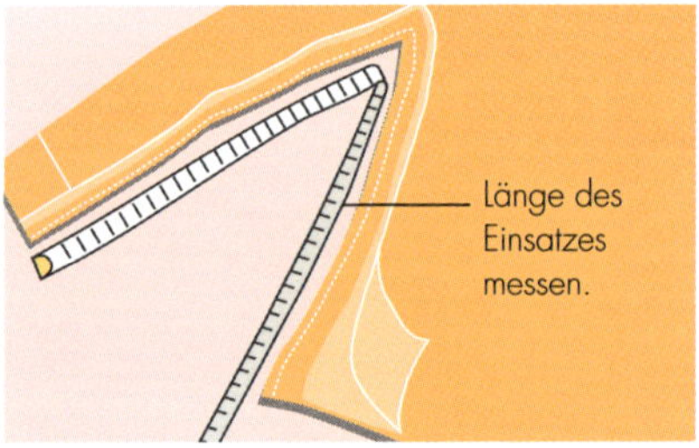

2 Die Länge der Naht vom Ärmelsaum (oder Armausschnitt) bis zum Saum messen. 4 cm zugeben, um die Länge des Einsatzes zu ermitteln. Die Breite des Einsatzes schätzen und die Nahtzugabe des Kleidungsstücks verdoppeln.

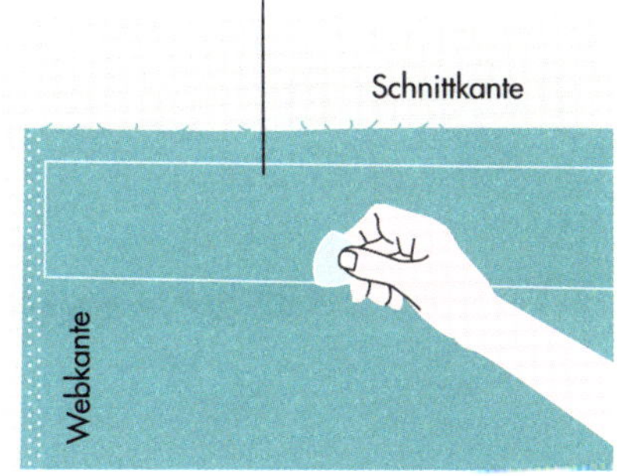

3 Das Rechteck auf dem Stoff anzeichnen und ausschneiden. Wenn das Rechteck sehr lang ist, müssen eventuell mehrere Stücke mit Vorstich zusammengenäht werden.

4 Die Schmalseiten zweimal 1 cm breit umbügeln. Einen 30 cm langen Faden einfädeln und das Ende verknoten. Die Säume an beiden Schmalseiten mit kleinen Stichen festnähen.

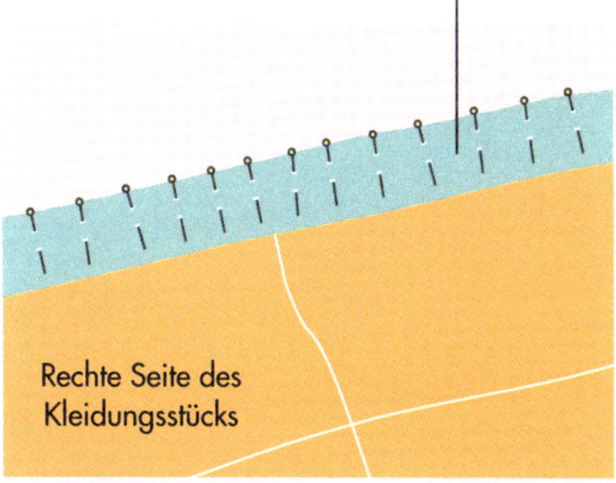

5 Einsatz und eine Seitennaht (und Ärmelnaht) rechts auf rechts kantengenau aufeinanderlegen. Die Säume des Einsatzes an denen des Kleidungsstücks ausrichten. Feststecken, dabei die Nadeln rechtwinklig zur Stoffkante platzieren.

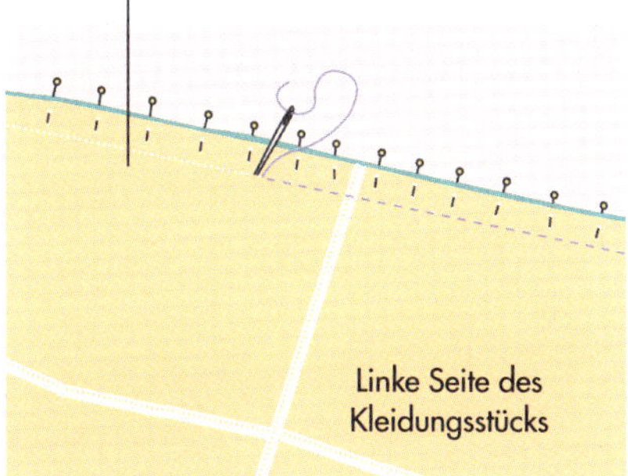

6 Einen 45 cm langen Faden einfädeln und ein Ende verknoten. Kleidungsstück und Einsatz mit kleinen Vorstichen zusammennähen, das Kleidungsstück liegt dabei oben. Die andere Seite des Einsatzes ebenso feststecken und nähen.

Ärmel heraustrennen

Es ist nicht so schwierig, zu weite Kleidung zu ändern. Aber was, wenn sie zu klein ist? Falls zu enge Ärmel das Problem sind, kann man sie einfach heraustrennen.

Du brauchst: **Für gewebte Stoffe:** Nahttrenner, Schere/Fadenschneider, Stecknadeln, Maßband, 1 m Schrägband, Schneiderschere, Nähnadel, Nähgarn in passender Farbe, Bügeleisen, Bügelbrett

Für Strick/Jersey: Schneiderschere, Stecknadeln, Maßband, Schere/Fadenschneider, Nähnadel, Nähgarn in passender Farbe, Bügeleisen, Bügelbrett

Nähmaschine? In Schritt 6, 7 und 12 (Seite 107–108) den geraden Steppstich verwenden, in Schritt 4 (Seite 109) den dreistufigen Zickzackstich.

Tipp

Versuche zuerst, dir vorzustellen, ob das Kleidungsstück ohne Ärmel gut aussieht. Der Verlauf der alten Ärmeleinsatznaht bestimmt, wo der neue Armausschnitt sitzt.

Gewebte Kleidung

Weil die Schnittkanten gewebter Stoffe leicht ausfransen, werden sie hier mit Schrägband eingefasst. Das Schrägband liegt auf der Innenseite des Kleidungsstücks. Außen ist nur eine Linie aus kleinen, sauberen Stichen zu sehen.

1 Die Naht zwischen Ärmel und Oberteil vorsichtig mit einem Nahttrenner auftrennen. Wenn das Kleidungsstück gefüttert ist, muss auch die entsprechende Naht im Futter aufgetrennt werden.

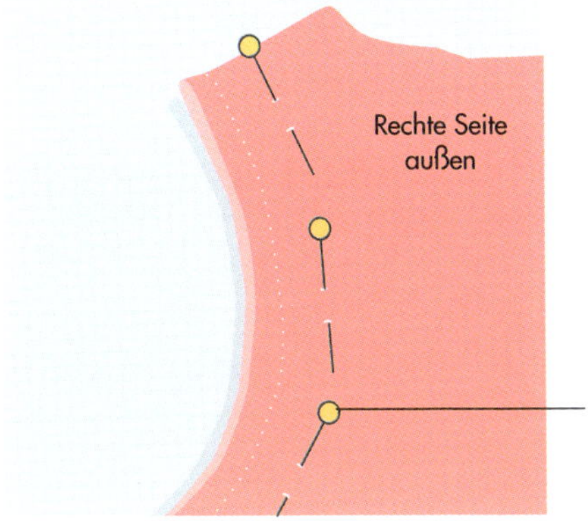

2 Bei gefütterten Kleidungsstücken nun Futter und Oberstoff zusammenstecken. Die Nadeln folgen der Kontur des Armausschnitts, ihr Abstand zur alten Nahtlinie beträgt etwa 1,5 cm. So können beide Stofflagen in einem Arbeitsgang eingefasst werden. »

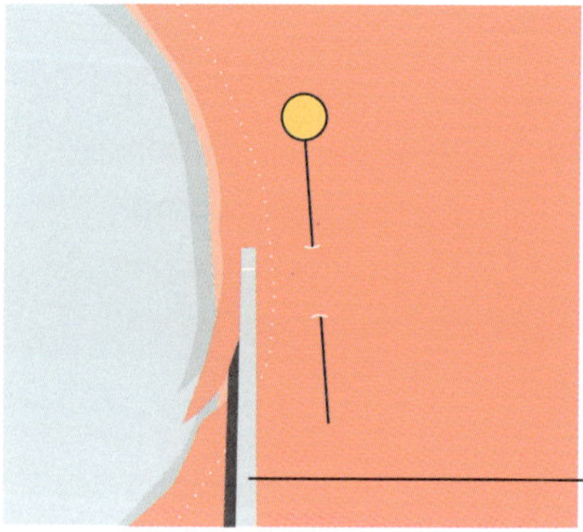

3 Die alte Nahtlinie ist an den kleinen Löchern im Stoff zu erkennen. Die Armausschnittkanten so zurückschneiden, dass die neue Kante in 7 mm Abstand zur Nahtlinie verläuft.

Nahtzugabe der Armausschnitte zurückschneiden.

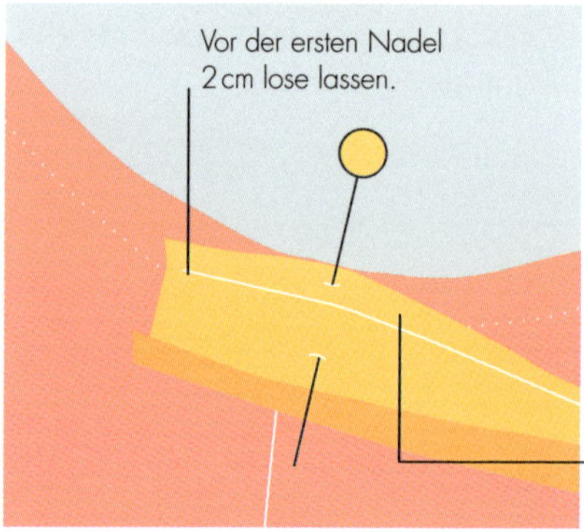

4 Eine Seite des Schrägbands aufklappen und rechts auf rechts kantengenau an der Seitennaht am unteren Armausschnitt anlegen. Die ersten 2 cm stehen über die Seitennaht hinaus. An der Seitennaht die erste Stecknadel rechtwinklig zur Kante einstechen.

Rechts auf rechts

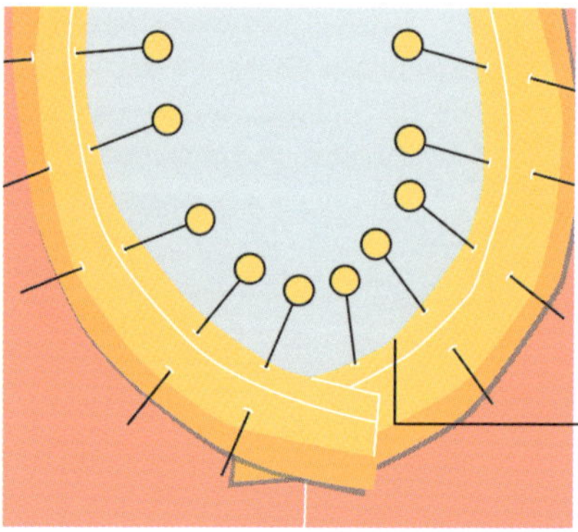

5 Das Schrägband rings um den Armausschnitt feststecken, dabei Fältchen vermeiden. Wenn der Anfangspunkt erreicht ist, das Schrägband so abschneiden, dass 2 cm über die Seitennaht hinausstehen.

Schrägband genau an die Armausschnittkante stecken.

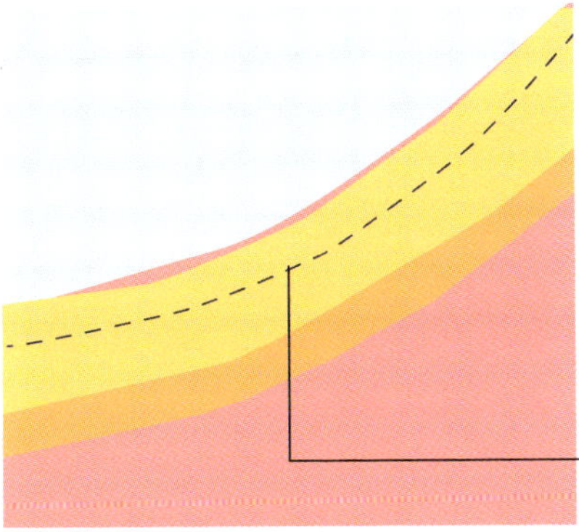

6 Einen maximal 45 cm langen Faden einfädeln und in ein Ende einen Knoten binden. Das Schrägband mit kleinen, gleichmäßigen Vorstichen am Armausschnitt festnähen. Die Stiche verlaufen im Falz des Schrägbands. Die Stecknadeln herausziehen.

Im Falz des Schrägbands nähen.

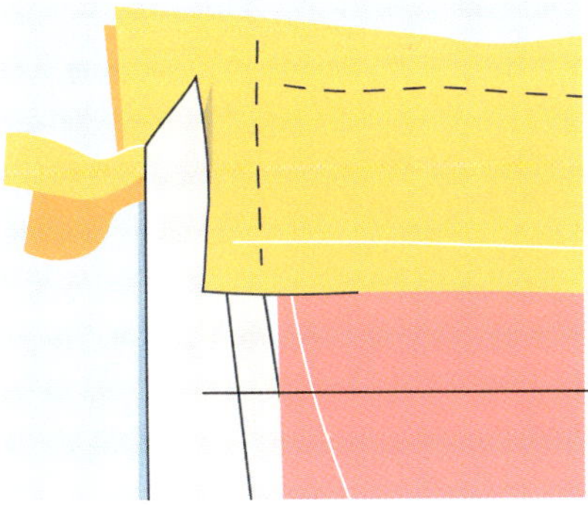

7 Die andere Kante des Schrägbands aufklappen. Die losen Enden rechts auf rechts aufeinanderlegen und mit kleinen Vorstichen zusammennähen. Die Enden des Schrägbands 7 mm neben der Nahtlinie abschneiden.

Nahtzugabe des Schrägbands nach dem Nähen zurückschneiden.

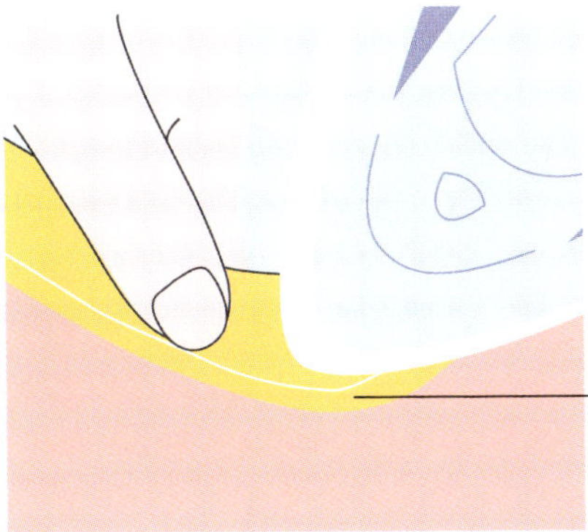

8 Das Kleidungsstück auf links wenden. Das Schrägband nach innen klappen Wenn das Kleidungsstück Hitze verträgt, die Armausschnittkante vorsichtig dämpfen, damit sich das Schrägband der Rundung gut anpasst. »

Schrägband bügeln, damit es sich der Rundung anpasst.

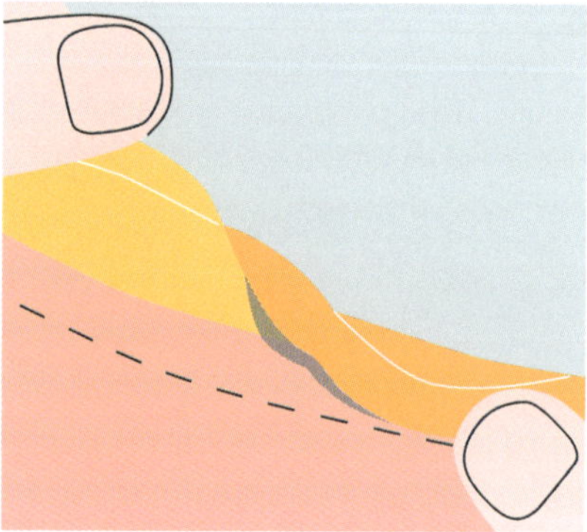

9 Die Längskante des Schrägbands so einklappen, dass sie die Vorstiche verdeckt. Die rechte Seite des Schrägbands liegt oben. Das eingeschlagene Schrägband sorgfältig bügeln.

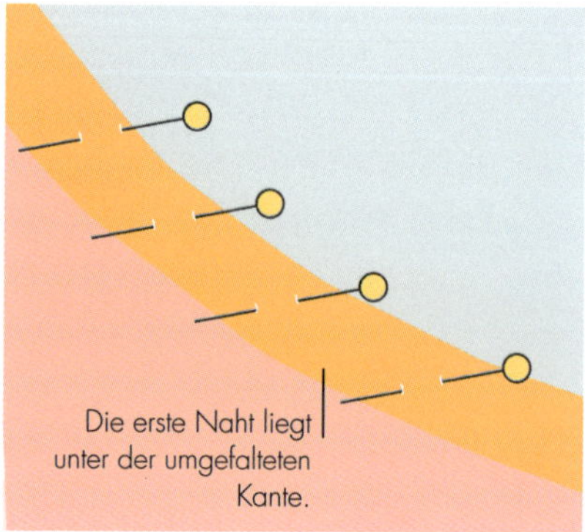

10 Das eingeschlagene Schrägband ringsherum am inneren Armausschnitt feststecken, dabei die Nadeln schräg in relativ kleinen Abständen platzieren und immer durch alle Stofflagen stechen.

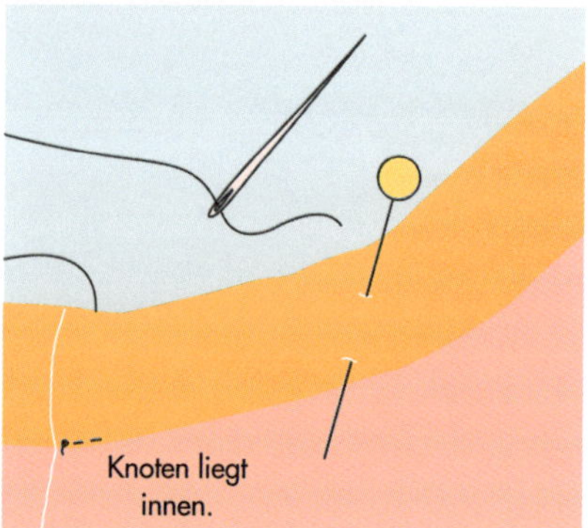

11 Einen neuen Faden einfädeln (siehe Schritt 6). Am unteren Armausschnitt beginnen. Zuerst von unten durch das Schrägband stechen und den Faden durchziehen: Der Knoten verschwindet unter dem Schrägband.

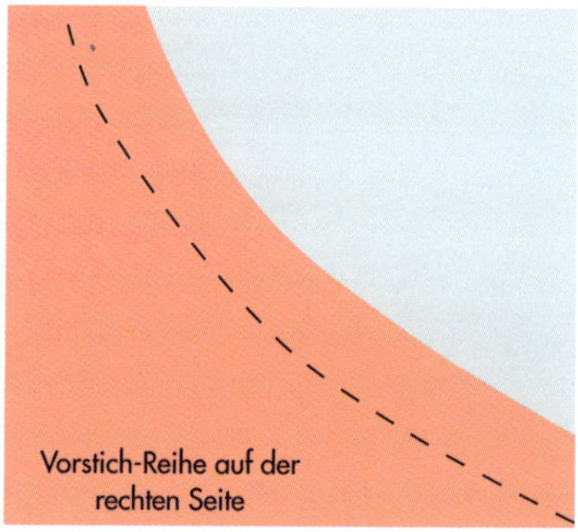

12 Nun das Schrägband mit kleinen, gleichmäßigen Vorstichen entlang der eingeschlagenen Kante festnähen. Die Stecknadeln entfernen, das Schrägband noch einmal bügeln und das Kleidungsstück auf rechts wenden.

Kleidung aus Strick/Jersey

Aus einem T-Shirt oder einem anderen Kleidungsstück aus Jersey lassen sich die Ärmel leichter heraustrennen. Weil die Schnittkanten nicht ausfransen, kann man sie einfach umnähen.

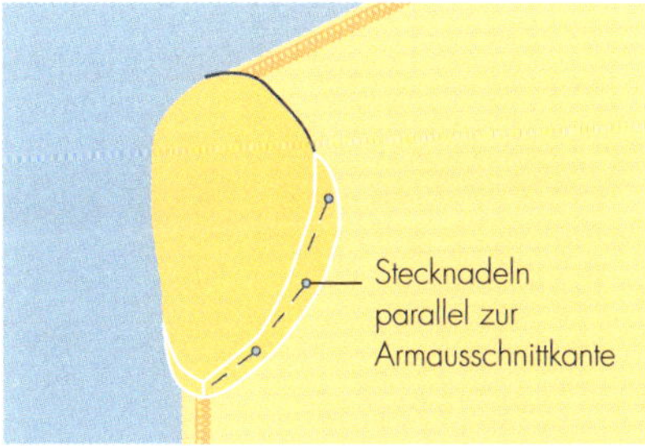

1 Strick lässt sich schlechter auftrennen als gewebter Stoff, denn er kann ausleiern. Darum wird hier der Ärmel samt Nahtzugabe vorsichtig herausgeschnitten.

2 Das Kleidungsstück auf links drehen, dabei die Armausschnitte nicht dehnen. Die Stoffkante 1 cm nach links umfalten und mit Stecknadeln parallel zur Kante fixieren.

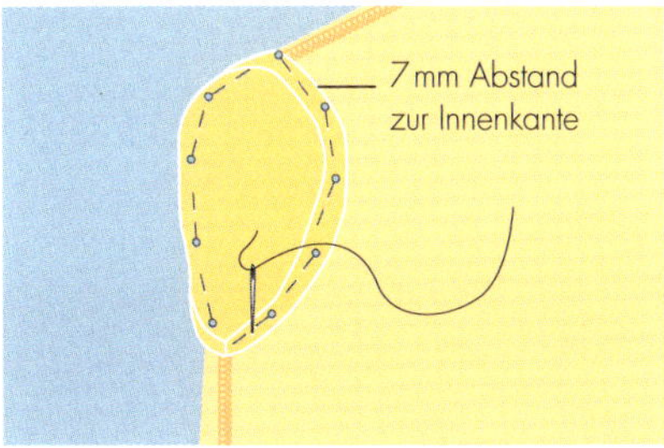

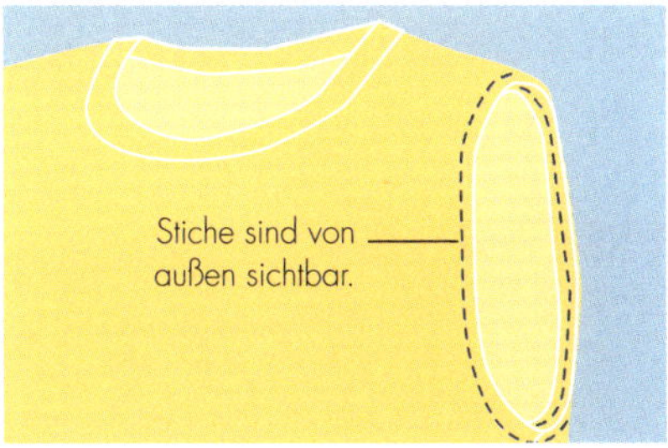

3 Einen maximal 45 cm langen Faden einfädeln und ein Ende verknoten. Am unteren Armausschnitt beginnen. Die Nadel in 7 mm Abstand zur Armausschnittkante von innen nach außen stechen.

4 Kleine Vorstiche rings um das Armloch nähen – nicht zu fest, damit sich die Naht beim An- und Ausziehen dehnen kann. Die Stecknadeln entfernen, die Armausschnitte bügeln und das Shirt auf rechts wenden.

Elastische Arm- und Beinabschlüsse

Weite Ärmel oder Hosenbeine kann man mit einem Gummizug zusammenraffen – und schon sieht die Silhouette eines Kleidungsstücks ganz anders aus!

Du brauchst: **Schnelle Methode:** Nahttrenner, Maßband, 1 m Gummiband, Schere/Fadenschneider, 2 große Sicherheitsnadeln, Nähnadel, Nähgarn in passender Farbe

Tunnelzug: Stecknadeln, Maßband, Markierwerkzeug, 1 m Gummiband, Schneiderschere, Bügeleisen, Bügelbrett, Schere/Fadenschneider, Nähnadel, Nähgarn in passender Farbe, 2 große Sicherheitsnadeln

Nähmaschine? In Schritt 5 (Seite 113) den geraden Steppstich verwenden.

Tipp

Diese Technik eignet sich am besten für leichte bis mittelfeste Stoffe. Dabei spielt es keine Rolle, ob es sich um Gewebe oder Strick/Jersey handelt.

Schnelle Methode

Wenn die Länge unverändert bleiben soll und der Saum mindestens 1 cm breit ist, lassen sich Gummibänder im Handumdrehen einziehen.

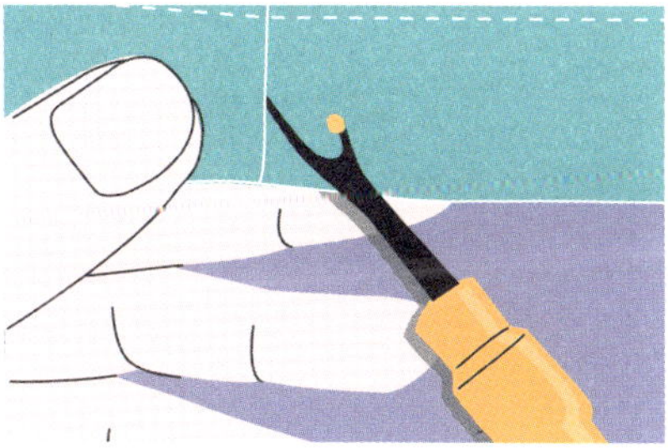

1 Das Kleidungsstück auf links drehen, die innere Naht liegt oben. Diese Naht nur im Bereich des Saumeinschlags vorsichtig auftrennen – nur zwischen Unterkante und Nahtlinie des Saums.

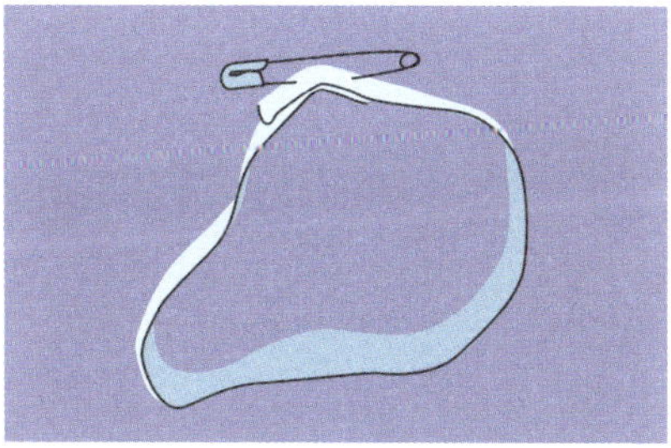

2 Den Abstand zwischen Unterkante und Saumnaht messen. Das Gummiband muss etwas schmaler sein. Ein großzügiges Stück Gummi abschneiden. Die Enden überlappend mit einer Sicherheitsnadel zusammenstecken.

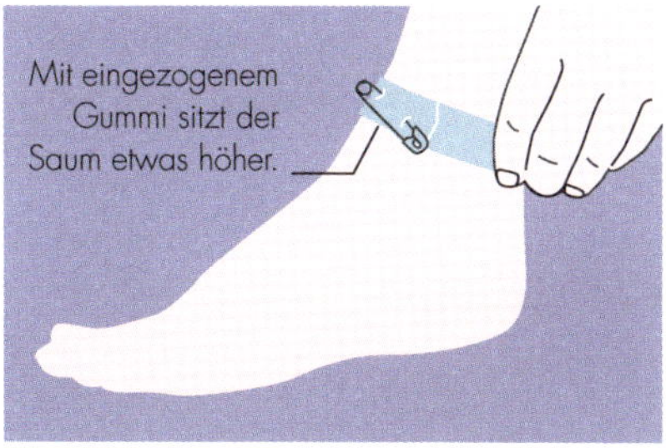

3 Das Gummiband dort anprobieren, wo es sitzen soll. Falls nötig, die Weite verändern. Insgesamt zwei passende Stücke Gummiband zuzüglich 2 cm für die Überlappung zuschneiden.

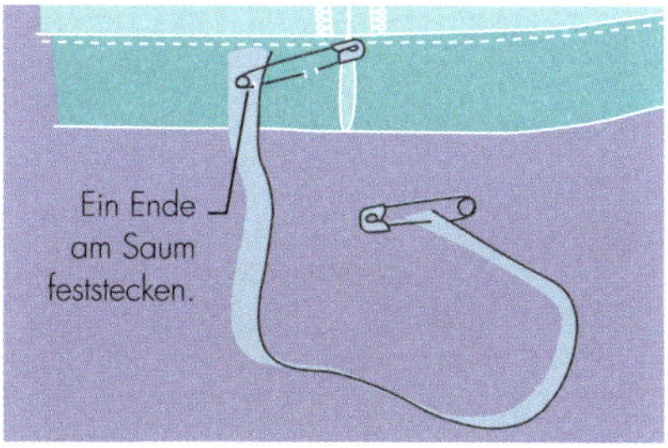

4 Ein Ende des Gummibands mit einer Sicherheitsnadel am Saum befestigen. Die zweite Sicherheitsnadel ins andere, lose Ende des Gummibands stecken. »

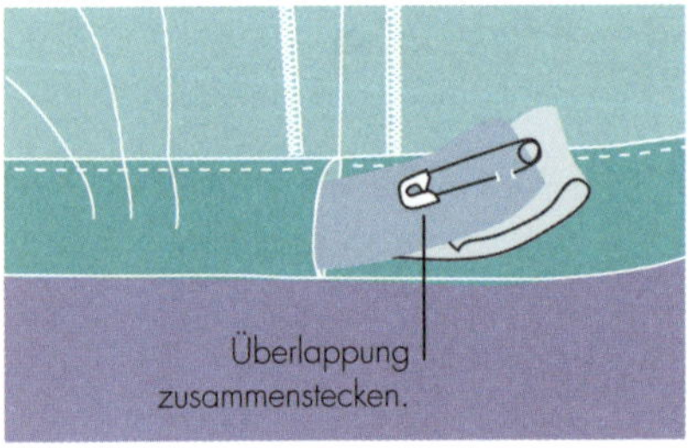

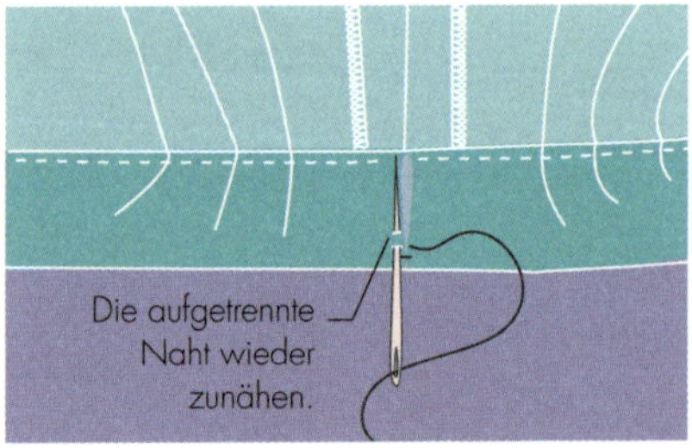

5 Die Sicherheitsnadel am losen Ende durch die aufgetrennte Naht in den Saum stecken und das Gummi durch den Saum fädeln, dabei nicht verdrehen. Die Sicherheitsnadeln entfernen, die Enden 2 cm überlappen und wieder zusammenstecken.

6 Das Gummiband in den Saumeinschlag schieben. Das Kleidungsstück anprobieren, um die Weite zu testen. Dann die überlappenden Enden des Gummis zusammennähen. Die zuvor aufgetrennte Naht mit Leiterstichen (siehe Seite 61–62) schließen.

Tunnelzug

Wenn Ärmel oder Hosenbeine auch gekürzt werden sollen, ist ein neuer Tunnel für das Gummi nötig. Das gilt auch, wenn der ursprüngliche Saum zu schmal ist.

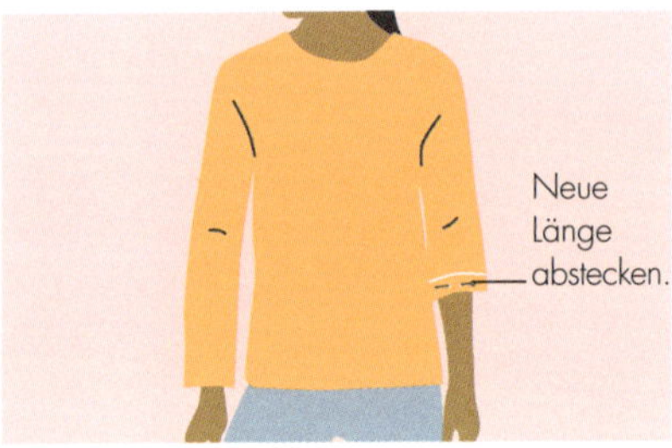

Breites Gummi sieht sportlich aus.

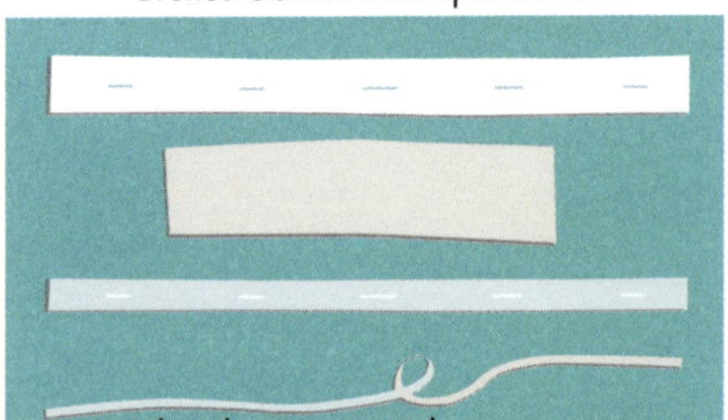

Schmales Gummi sieht zarter aus.

1 Das Kleidungsstück vor dem Spiegel anprobieren und die neue Länge abstecken. Achtung: Durch das Gummi rückt der Saum etwas höher.

2 Die Gummibandbreite wählen. Um die Länge möglichst wenig zu verändern, sollte das Gummi schmal sein, aber nicht schmaler als 1 cm.

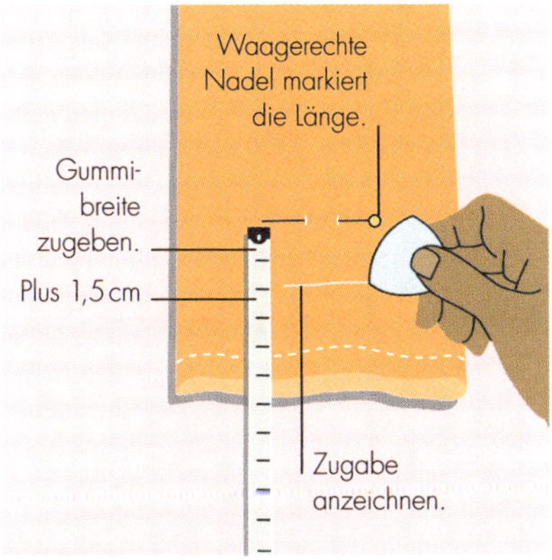

3 Den Saum kürzen (siehe Seite 82–83, Schritt 2). Die Breite des Gummis messen, 1,5 cm zugeben und dieses Maß anzeichnen. Den überschüssigen Stoff abschneiden (siehe Seite 83, Schritt 4).

4 Das Kleidungsstück auf links drehen und die Unterkante 1 cm umbügeln. Um die Gummibreite plus 5 mm umschlagen und wieder bügeln. Den Tunnel 7 mm unter seiner Oberkante feststecken.

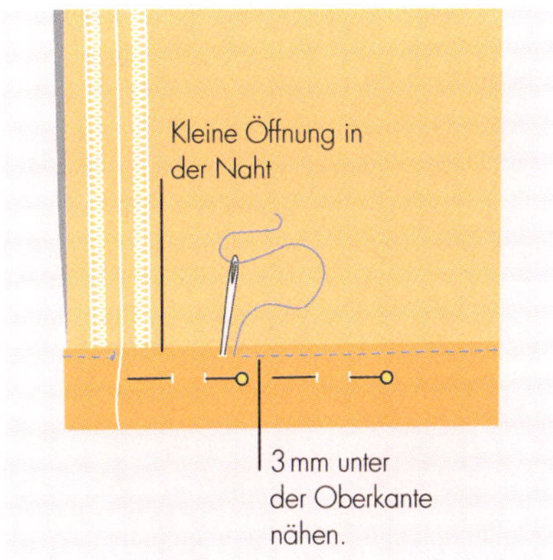

5 An der inneren Naht beginnen und den Saum mit kleinen Vorstichen 3 mm unter der Oberkante festnähen. Eine 3 cm große Öffnung lassen. Das Gummi einziehen (siehe Seite 111–112, Schritt 4 und 5).

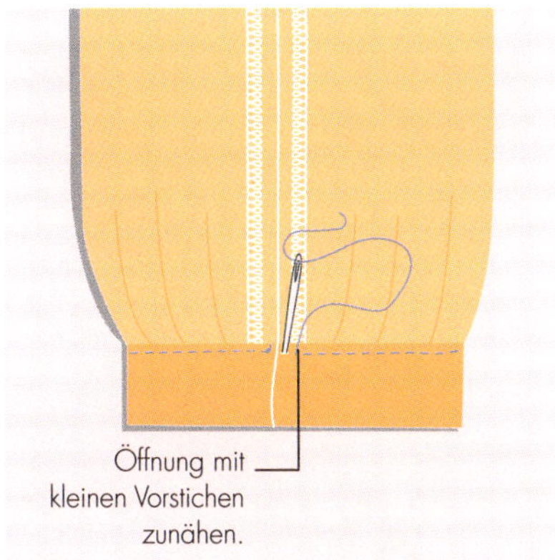

6 Das Kleidungsstück anprobieren, um die Weite zu testen. Dann die überlappenden Enden des Gummis zusammennähen. Die Öffnung in der Naht mit kleinen Vorstichen schließen.

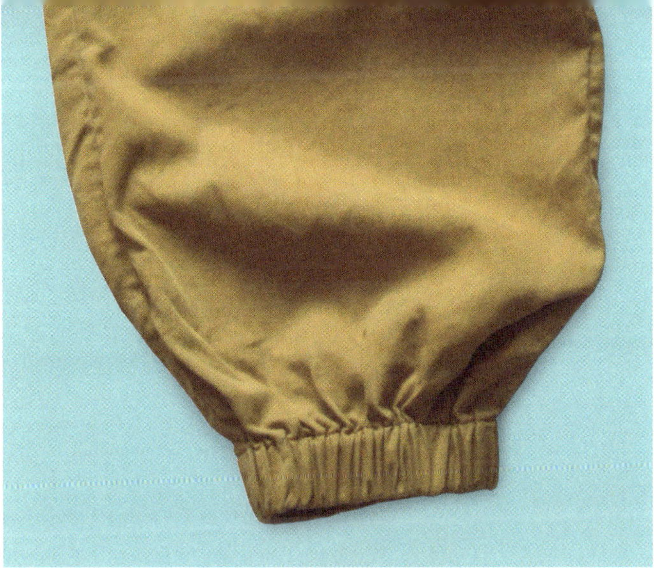

Elastische Saumabschlüsse

MIT GUMMIBAND LASSEN SICH WEITE ÄRMEL ODER HOSENBEINE DEKORATIV BÄNDIGEN.

Kleidung gut behandeln

Richtig pflegen

Du hast gelernt, Kleidung zu reparieren und zu ändern, damit du sie wieder gern trägst. Alles, was du im Schrank hast, sieht gut aus und erfüllt seinen Zweck. So soll es möglichst lange bleiben, und dafür kannst du viel tun.

Gut gemacht! Du hast dir Zeit zum Lernen genommen und kannst jetzt Schäden an deiner Kleidung reparieren. Du bist in der Lage, Kleidung so zu ändern, dass sie dir perfekt passt. Sind das nicht kreative Beschäftigungen, die viel Spaß machen? Bestimmt magst du die Kleidungsstücke, an denen du Hand angelegt hast, jetzt besonders gern. Und sie sollen möglichst lange halten.

Fit für die Zukunft

In diesem Kapitel geht es um die Aufbewahrung von Kleidung (zum Beispiel den Schutz vor Motten), um das Waschen und Bügeln, die Behandlung (oder Tarnung) von Flecken und um das Färben.

Zugegeben, Textilpflege ist nicht so spannend wie das Lernen neuer kreativer Techniken. Zur Slow Fashion gehört aber nicht nur Sashiko-Stickerei, sondern auch, das Shirt mit Teeflecken in kaltem Wasser einzuweichen. Was nützen denn all die Reparaturen und Änderungen, wenn die aufgewerteten Kleidungsstücke anschließend nicht sorgsam gepflegt werden? Du bist es dir selbst und deiner Kleidung schuldig, dir auch bei der Pflege Mühe zu geben. Nur dann sieht sie lange gut aus und erfüllt ihren Zweck zuverlässig.

Richtige Aufbewahrung

Beschäftigen wir uns zuerst mit der Aufbewahrung der Garderobe. Ob du Kleidungsstücke ganzjährig oder nur in einer bestimmten Jahreszeit trägst: Sie müssen richtig verstaut werden. Dabei gibt es einige wichtige Punkte zu beachten. Man-

Was nützen all die Reparaturen und Änderungen, wenn die aufgewerteten Kleidungsstücke anschließend nicht sorgsam gepflegt werden?

che Kleidungsstücke sollten unbedingt auf Bügel gehängt werden, andere faltet man besser zusammen.

Finde für deinen Kleiderschrank eine Ordnung, die beide Möglichkeiten bietet. Alles sollte gut zugänglich sein, und nichts sollte so liegen oder hängen, dass man es leicht übersieht oder vergisst. Ganz wichtig ist außerdem, die Kleidung zuverlässig vor Motten oder Schimmel zu schützen. Um all diese Themen geht es im letzten Kapitel dieses Buchs.

> Tatsächlich ist es für die Textilien und die Umwelt viel besser, Kleidung möglichst selten zu waschen.

Richtig waschen

Wahrscheinlich kümmerst du dich schon länger um deine Wäsche (und vielleicht auch die anderer Leute). Es mag dir seltsam vorkommen, hier etwas über das richtige Waschen zu lesen, denn das ist dir ja nicht fremd. Es ist aber gerade die alltägliche Behandlung, die darüber entscheidet, ob Kleidung lange tragbar bleibt oder vielleicht verblasst und ihre Form verliert.

Was bedeutet eigentlich Wäschepflege? Geht es darum, die Wäsche regelmäßig zu waschen, damit sie frisch und sauber bleibt? Nein! Tatsächlich ist es viel besser, Kleidung möglichst selten zu waschen (ausgenommen Unterwäsche, Unterziehshirts und Strümpfe), denn nichts strapaziert die Fasern und die Farben so wie die ruppige Waschmaschine.

Wer die richtigen Wasch- und Trockentechniken kennt, hat nicht nur länger etwas von seiner Kleidung, sondern fügt auch der Umwelt weniger Schaden zu.

Flecken und Farben

Verschütteter Kaffee, Spritzer von Nudelsauce, Schweißränder und sogar Kinderkacke (selbst auf heller Kleidung) sind noch lange kein Grund, Kleidungsstücke mit einem resignierten Seufzer als ruiniert zu erklären. Wer Flecken möglichst schnell und mit den richtigen Methoden behandelt, hat gute Chancen, sie spurlos zu beseitigen.

Eine ausgewaschene Jeans oder ein altes T-Shirt kann man auch auffrischen, indem man den Stoff färbt. Wer weiß, welche Stoffe sich gut färben lassen, hat viele kreative Möglichkeiten. Und wenn sich ein Fleck gar nicht entfernen lässt, kann man ihn immer noch unter einer Stickerei verstecken.

Es macht zufrieden, die Kleidungsstücke, in die man Zeit investiert hat, sorgfältig zu pflegen. Solche Maßnahmen sind nicht immer sichtbar, aber sie sind ein Ausdruck der Wertschätzung.

Kleidung clever aufbewahren

Diese Tipps gelten für Kleidung, die regelmäßig getragen wird, aber auch für Sachen, die längere Zeit verstaut werden. Sie sorgen dafür, dass die Kleidung lange in guter Form bleibt und vor Motten und anderen Schäden geschützt ist.

Selbst für häufig getragene Kleidung solltest du dir angewöhnen, sie ordentlich aufzubewahren, damit sie lange gut aussieht.

Grundsätzlich gilt: Kleidungsstücke, die kompliziert geschnitten sind oder gebügelt werden müssen, hängt man am besten auf Bügel. Alles andere kann gefaltet oder aufgerollt und liegend gelagert werden. Jeans und andere robuste Hosen kannst du aufhängen oder falten, je nachdem, wie viel Platz du hast. Pullover, T-Shirts, Strickkleider und Sweatshirts sollten liegend aufbewahrt werden, weil sie auf Bügeln durch ihr Eigengewicht ausleiern können.

Aufhängen

Mäntel und Stoffjacken gehören auf stabile Kleiderbügel, die bis in die Schultern reichen. Schließe die Knöpfe (oder wenigstens jeden zweiten Knopf) von Jacken und Mänteln, aber auch von Hemden und Blusen, damit sie gut in Form bleiben. Verwende keine Drahtkleiderbügel, denn sie können mit der Zeit Reibungsschäden verursachen.

Aufhänger nicht abschneiden

Wenn ein Kleidungsstück eine Aufhängeschlaufe hat, benutze sie. Die Schlaufe hilft, die Belastung beim Hängen gleichmäßig zu verteilen. Sie verhindert auch, dass glatte Kleidungsstücke von den Bügeln fallen und auf dem Boden des Schranks landen.

Klemmbügel modifizieren

Für Röcke eignen sich Klemmbügel mit gepolsterten Backen. Wenn deine Bügel nicht gepolstert sind, kannst du kleine Rechtecke aus Stoff zwischen Bügel und Kleidung klemmen, um Druckstellen zu vermeiden.

Bitte keine Sonne

Manche Menschen mögen offene Kleiderständer, um alles gleich im Blick zu haben. Allerdings können Textilien durch Sonnenlicht ausbleichen und mürbe werden. In einem Schrank sind sie besser aufgehoben. Für Winterkleidung, die hängen sollte, aber nicht in den Schrank passt, solltest du dir Kleidersäcke anschaffen.

KLEMMBÜGEL POLSTERN

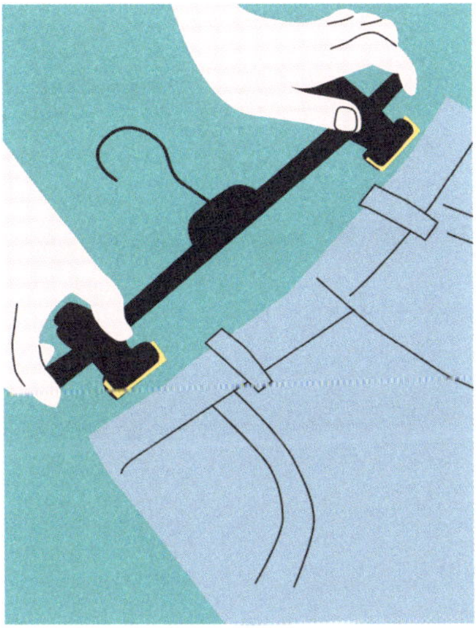

SCHLAUFEN NUTZEN

JACKEN, BLUSEN UND HEMDEN AUFHÄNGEN

KEIN SONNENLICHT!

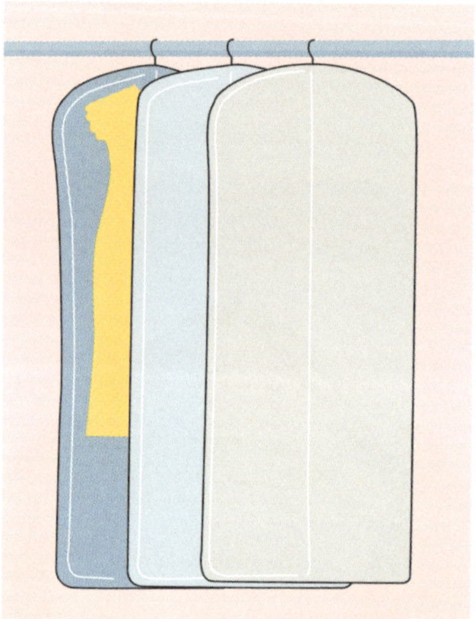

PLATZ SPAREN

DEN SCHRANK LÜFTEN

BEI BEDARF ENTFEUCHTEN

Falten und rollen

Kleidungsstücke, die liegend in Schubladen oder Kästen aufbewahrt werden, solltest du falten oder aufrollen und hochkant lagern, statt sie zu stapeln. So kannst du beim Öffnen der Schublade den ganzen Inhalt überblicken und ein einzelnes Teil herausnehmen, ohne alle anderen anheben zu müssen.

Den Schrank regelmäßig lüften

Motten und Schimmel können Kleidung unwiderruflich ruinieren. Wie so oft ist Vorbeugung die beste Absicherung. Die Kleidung muss gut belüftet sein. Motten mögen weder Sonnenlicht noch Unruhe. Lüfte deshalb Kleiderschrank und Schubladen alle paar Monate und bewege die Kleidungsstücke. Schäden verursachen nicht die erwachsenen Motten, sondern ihre Larven. Ergreife also Vorsichtsmaßnahmen, damit sie sich nicht in deinem Kleiderschrank ansiedeln. Säubere die Ecken und Winkel des Kleiderschranks regelmäßig mit dem Staubsauger, um einen eventuellen Befall schon im Keim zu ersticken.

Motten bekämpfen

Mottenlarven fressen am liebsten Keratin, das ein Bestandteil von tierischen Fasern und Materialien ist (zum Beispiel Wolle, Mohair, Kaschmir, Seide, Leder, Filz und Federn). Kontrolliere Kleidung aus solchen Materialien regelmäßig auf erste Anzeichen von Mottenfraß. Falls du dabei kleine Löcher entdeckst, wasche die Kleidung sofort. Noch wirkungsvoller gegen Mottenlarven ist eine chemische Reinigung. Die Wirkung von Mottenpapier, Zedernholz und anderen Abschreckungsmitteln ist umstritten.

Rotationsprinzip

Damit die Luft im Schrank gut zirkulieren kann, darf er nicht zu voll sein. Bewahre Kleidung, die du selten trägst oder die gerade keine Saison hat, an einem anderen Platz auf. Vorher wird sie gewaschen oder chemisch gereinigt, und sie muss knochentrocken sein. Hautfette und Speisereste locken Schädlinge an, Feuchtigkeit begünstigt Schimmelbefall.

Kondenswasser vermeiden

Schimmel breitet sich vorzugsweise in einem feuchten Milieu aus. Es gibt verschiedene Möglichkeiten, Kleidung davor zu schützen. Hänge nasse Kleidung so schnell wie möglich zum Trocknen auf und räume die frisch gewaschene Wäsche erst in den Schrank, wenn sie völlig trocken ist. Wer in der Wohnung Probleme mit Raumfeuchtigkeit hat, sollte sich einen Entfeuchter für den Kleiderschrank anschaffen.

Funktionale Stauraumlösungen

Im Fachhandel bekommt man verschiedene Behältnisse zum Aufbewahren von Kleidung. Alle haben Vor- und Nachteile, aber Kunststoffboxen mit luftdichten Deckeln oder Vakuumbeutel haben sich recht gut bewährt. Beide schützen die Kleidung zuverlässig vor Staub, Schädlingen und Feuchtigkeit.

Waschen und Bügeln

Die Lebenserwartung von Kleidung hängt davon ab, wie oft sie gewaschen wird, und das Waschen macht einen großen Anteil am Kohlenstoff-Fußabdruck eines Kleidungsstücks aus. Wir sollten Kleidung und Umwelt behutsamer behandeln!

Auch wenn du seit Jahren wäschst, solltest du im Interesse deiner Kleidung deine Gewohnheiten überdenken.

Weniger waschen

Bevor du ein Kleidungsstück automatisch in den Wäschekorb wirfst, überlege einmal, ob es wirklich gewaschen werden muss. Wenn es nicht verschwitzt ist und keine Flecken hat, kannst du es viele Male tragen, bevor du es waschen musst. Häufiges Waschen strapaziert die Fasern und bleicht die Farben, also sehen die Kleidungsstücke schneller alt und abgetragen aus. Kleidung aus Synthetikfasern gibt außerdem bei jeder Wäsche Mikroplastik ab, das in die Gewässer und die Nahrungskette gelangt.

Gerüche neutralisieren

Kleidung, die sauber ist, aber etwas muffig riecht oder Küchengerüche angenommen hat, muss nicht gleich gewaschen werden. Hänge sie einfach einige Stunden an ein offenes Fenster oder ins Freie. Du kannst sie auch im Bad aufhängen, während du duschst. Durch den Dampf verschwinden nicht nur Gerüche, sondern auch Fältchen.

Der Fleck muss weg

Hat ein ansonsten sauberes Kleidungsstück nur einen kleinen Fleck, behandle diesen, statt das ganze Stück zu waschen. Eine Übersicht über die Behandlung verschiedener Flecken findest du auf Seite 128–129. Am besten reibst du kleine Flecken mit der Ecke eines sauberen, feuchten Tuchs und etwas Handseife ein. Danach mit einer anderen Ecke ohne Seife abreiben und trocknen lassen.

Gleiches mit Gleichem waschen

Trenne helle, bunte und dunkle Wäsche, damit nichts versehentlich verfärbt wird. Lies die Waschetiketten in der Kleidung, um dich zu informieren, welche Stücke mit der Hand gewaschen oder chemisch gereinigt werden müssen. Wasche alles andere bei 30 °C oder höchstens 40 °C. Schließe

SELTENER WASCHEN

KLEIDUNG LÜFTEN

FLECKEN SEPARAT BEHANDELN

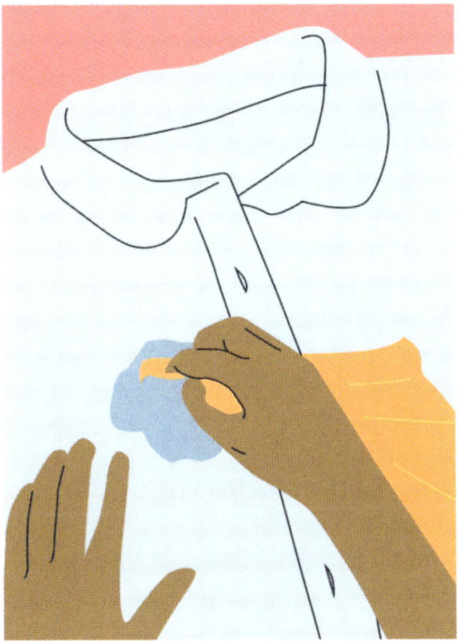

NACH FARBEN SORTIEREN

FEINES VON HAND WASCHEN

FÄLTCHEN DÄMPFEN

ZUM TROCKNEN AUFHÄNGEN

VON LINKS BÜGELN

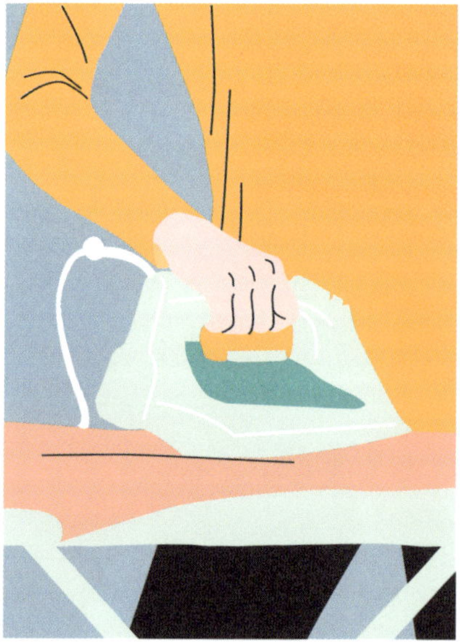

Reißverschlüsse und Knöpfe, damit sich nichts verhaken kann, und drehe die Kleidung auf links, um Pilling durch die Reibung zu vermeiden.

Handwäsche

Mäntel und Blazer sollten chemisch gereinigt werden, damit sie in Form bleiben. Weiche Kleidungsstücke mit dem Vermerk »nur chemisch reinigen« können auch vorsichtig mit der Hand gewaschen werden. Wichtig ist, das Waschbecken vorher zu säubern, damit keine Fettreste an die Kleidung gelangen können. Lass kaltes oder lauwarmes Wasser einlaufen und verwende ein Spezialwaschmittel für die Handwäsche. Hänge leichte Kleidungsstücke danach tropfnass auf. Schwerere Kleidung wie Pullover trocknet man am besten liegend auf einem Handtuch, weil sie beim Hängen durch ihr Gewicht ausleiern können.

Auf die Wäscheleine!

Ein Trockner strapaziert die Kleidung. Reibung und Hitze verursachen Pilling und schwächen die Fasern, außerdem kann die Kleidung einlaufen oder ausbleichen. Hinzu kommt, dass der Trockner viel Energie verbraucht. Bei einer Ladung Wäsche, die bei 40 °C gewaschen und danach in den Trockner gegeben wird, macht allein die Trocknung 75 % des Kohlenstoff-Fußabdrucks aus. Das Trocknen auf der Leine oder dem Wäscheständer schont die Wäsche, die Umwelt und das Portemonnaie. Bei schlechtem Wetter kann ein Wäscheständer auch in einem gut belüfteten Raum stehen, wo er nicht im Weg ist, beispielsweise im Bad, das tagsüber selten benutzt wird. Wichtig ist, das Fenster zu öffnen.

Seltener bügeln

Auch das Bügeln strapaziert Kleidung und verbraucht viel Strom. Falten lassen sich vermeiden, wenn man Wäsche sofort nach Beendigung des Waschprogramms aufhängt. Jedes Stück kräftig schütteln und dann möglichst glatt aufhängen. Auch heißer Dampf beseitigt Falten (und Gerüche) aus der Kleidung (siehe Seite 124), darum ist es praktisch, Kleidung während des Duschens im Bad aufzuhängen. Dadurch lässt sich das Bügeln manchmal sogar ganz vermeiden.

Richtig bügeln

Wenn Kleidung gebügelt werden muss, ist es wichtig, auf dem Pflegeetikett nachzuschauen, welche Temperatur das Kleidungsstück verträgt. Da die Temperatur von Bügeleisen zu Bügeleisen schwanken kann, sollte man die Einstellung zuerst an einer unauffälligen Stelle ausprobieren. Am besten ist es, Kleidung von links zu bügeln. Hitze und Druck des Bügeleisens können bewirken, dass ein Glanz auf der Stoffoberfläche entsteht. Dieser Glanz ist dauerhaft und lässt dass Kleidungsstück älter oder abgetragen wirken. Wenn Kleidungsstücke unbedingt von rechts gebügelt werden müssen, lege ein Bügeltuch unter (siehe Seite 49), um Hitzeschäden am Stoff zu vermeiden.

Flecken wirkungsvoll entfernen

Ein hässlicher Fleck kann ein Kleidungsstück ruinieren. Aus diesem Grund erklären wir hier einige Methoden zur richtigen Vorbehandlung und geben Tipps zur Behandlung typischer Flecken.

Egal, welcher Stoff den Fleck aufnimmt: Versuche schnellstens, möglichst viel der Substanz vom Stoff zu entfernen. Tupfe Flüssigkeiten mit einem sauberen, trockenen Tuch ab. Dickflüssiges wie Saucen kann man mit einem Messer oder Löffel abschaben. Dabei ist wichtig, immer vom Rand zur Mitte zu arbeiten, um den Fleck nicht noch zu vergrößern.

Wie bereits erwähnt (siehe Seite 127), strapaziert der Trockner Kleidung und verbraucht sehr viel Energie. Fleckige Kleidung darf keinesfalls in den Trockner gegeben werden, weil die Flecken dadurch dauerhaft fixiert werden können. In nassem Zustand sieht ein Kleidungsstück vielleicht sauber aus, aber manche Flecken sieht man erst nach dem Trocknen. Am besten ist es, solche Kleidungsstücke auf der Wäscheleine in der Sonne trocknen zu lassen, weil Sonnenlicht Flecken wie durch Zauberhand verblassen lässt.

Tipp

Wenn sich ein Fleck partout nicht entfernen lässt, kann man das Kleidungsstück vielleicht retten, indem man es färbt (siehe Seite 130).

WELCHEN FLECK WOMIT ENTFERNEN?

Fleck	Behandlung
Kaffee und Tee	Kaffee hinterlässt hartnäckige Flecken und kann deshalb auch zum Färben verwendet werden. Flecken sofort mit Salz oder Natron bestreuen, eine Weile einwirken lassen und ausspülen. Teeflecken sofort mit kaltem Wasser ausspülen, dabei den Stoff behutsam reiben. Wenn das nicht genügt, helle Kleidung in Wasser mit etwas Chlorbleiche einweichen. Teeflecken auf dunkler Kleidung mit einer Mischung aus gleichen Teilen weißem Essig und Salz einreiben, mit kaltem Wasser ausspülen und wie gewohnt waschen.
Blut und Babykacke	Eiweißhaltige Flecken wie Blut und Babykacke lassen sich auch in der 60-Grad-Wäsche nicht entfernen. Den Fleck mit kaltem Wasser ausspülen, solange er frisch ist, dann das Kleidungsstück möglichst sofort kalt in der Maschine waschen oder in kaltem Wasser einweichen – aber nicht länger als 10–12 Stunden, sonst wird der Fleck im Stoff fixiert. Auf keinen Fall in den Trockner geben oder bügeln, solange der Fleck nicht vollständig verschwunden ist.
Make-up und fettige Lebensmittel	Fetthaltige Flecken – Make-up und Lebensmittel – lassen sich mit verschiedenen Methoden behandeln, je nachdem, was gerade zur Hand ist. Zuerst Pappe oder eine Zeitschrift unter den Fleck schieben, um den darunterliegenden Stoff zu schützen. Einen Klecks Spülmittel direkt auf den Fleck geben und mit einem sauberen, feuchten Tuch kreisförmig einmassieren – von außen nach innen, um den Fleck nicht zu vergrößern. Mit klarem Wasser ausspülen und wie gewohnt waschen. Alternativ Speisestärke, Backpulver oder Talkum auf den Fleck streuen, um das Fett aus dem Stoff zu saugen. Speisestärke 10 Minuten einwirken lassen, Backpulver 30 Minuten und Talkum bei Bedarf über Nacht. Danach das restliche Pulver abschütteln. Falls der Fleck noch sichtbar ist, mit einem feuchten, sauberen Tuch betupfen und waschen.
Schweiß	Gelbliche Schweißflecken sehen hässlich aus, lassen sich aber relativ leicht beseitigen. Natron mit Wasser zu einer Paste verrühren und in den Stoff einmassieren, falls der Stoff unempfindlich ist. Eine Stunde einwirken lassen, dann mit klarem Wasser ausspülen. Alternativ den fleckigen Bereich bis zu einer Stunde in weißem Essig einweichen und vorsichtig mit einer alten Zahnbürste bearbeiten. Reibung ist nötig, um Schweißflecken gründlich zu entfernen. Danach bei der höchsten Temperatur waschen, die der Stoff verträgt (Pflegeetikett lesen!).

Textilien färben

Verblichene oder fleckige Kleidung lässt sich großartig auffrischen, indem man sie färbt. Hier erfährst du, was dabei zu beachten ist.

Neben Textilfarben aus dem Handel können auch Pflanzen zum Färben von Kleidung verwendet werden.

Eimer oder Waschmaschine?

Textilfarben kann man in Drogerien, Stoff- und Bastelgeschäften oder online kaufen. Gefärbt werden kann in einem Eimer oder in der Waschmaschine. Zum Färben mit der Hand benötigt man neben Farbe und Eimer noch Gummihandschuhe, Tafelsalz und einen Stock oder alten Kochlöffel zum Rühren. Textilfarben für die Waschmaschine werden zusammen mit dem Fixierer einfach wie Waschpulver zur Wäsche gegeben – eine einfache und saubere Sache. Für intensive Farbergebnisse muss man eventuell mehrere Päckchen Farbe verwenden.

Synthetik oder Naturfaser?

Naturfasern (Baumwolle, Leinen, Wolle und Seide) sowie Regeneratfasern (zum Beispiel Viskose, Modal, Bambus, Tencel), die bei 40 °C gewaschen werden können, lassen sich gut färben. Bei Mischgewebe fällt das Ergebnis blasser aus. Es gibt auch spezielle Textilfarben für Synthetiks.

Welche Farbe kommt heraus?

Am intensivsten fällt das Farbergebnis aus, wenn der Stoff weiß oder sehr hell ist. Bei dunklen Textilien ist das Resultat naturgemäß subtiler, darum empfiehlt es sich, die Originalfarbe aufzufrischen. Färbt man bunte Textilien, kommen die Regeln der Farbenlehre zum Tragen, denn aus Originalfarbe und Textilfarbe ergeben sich Mischtöne. Färbt man beispielsweise ein rotes Shirt mit Blau, wird es violett. Auch gemusterte Stoffe lassen sich färben, allerdings bleibt das Muster auch danach sichtbar.

Natürliche Farbstoffe

Handelsübliche Textilfarben enthalten Chemikalien, die letztlich in den Gewässern landen. Das Färben mit solchen Produkten hat zwar weniger negative Auswirkungen auf die Umwelt als das Wegwerfen und neu Kaufen, aber noch umweltfreundlicher ist die Verwendung natürlicher Färbemittel.

NEUE FARBE

PFLANZENFARBEN

KREATIVE BATIK

Zum Färben eignen sich verschiedene Pflanzenmaterialien, die man im Supermarkt kaufen oder im Garten ernten kann: Schalen von Zwiebeln oder Kürbissen, Kaffeesatz, Teeblätter, Avocadoschalen, Erdbeeren, Kirschen, Lavendel, Rotkohl, Rote Bete, Sellerieblätter, Bambus und andere. Die Vorbereitung des Färbebads und die Fixierung der Farbe sind etwas aufwendiger, und die Farben eignen sich nur für helle Stoffe, aber die Ergebnisse sind zart und ausgesprochen attraktiv.

Batik

Einfarbige Kleidungsstücke können mit Batik eine ganz neue Optik bekommen. Beim normalen Färben werden nicht alle Flecken restlos überdeckt, aber mit einem Batikmuster lassen sie sich hervorragend tarnen. Beim Batiken müssen nicht zwangsläufig Muster im Retro- oder Hippielook entstehen. Es gibt viele andere Batiktechniken, angefangen vom filigranen japanischen Shibori bis zur schnellen, unkomplizierten Knüllbatik. Mit Pflanzenfarben fallen die Batikmuster besonders subtil aus, und Spaß macht das Batiken außerdem.

Accessoires mitfärben!

Wenn du das Schwarz deiner Lieblingsjeans auffrischst, kannst du auch ein paar verblichene Stoffschuhe mit ins Färbebad stecken. Und wenn ein fleckiges T-Shirt eine knallige neue Farbe bekommt, färbe doch gleich ein paar Socken oder eine Einkaufstasche aus Stoff mit!

Färben

TEXTILFARBEN KANN MAN FERTIG KAUFEN ODER AUS PFLANZENMATERIALIEN SELBST HERSTELLEN. PRIMA ZUM AUFFRISCHEN VERBLICHENER KLEIDUNG!

Flecken übersticken

Was kann man tun, wenn sich ein Fleck aus einem schönen Kleidungsstück gar nicht entfernen lässt? Ein Flicken wäre übertrieben, wenn der Stoff intakt ist. Aber eine kleine, niedliche Stickerei eignet sich bestens, um so einen kleinen Makel zu verstecken.

Du brauchst: Nähgarn in Kontrastfarben (Stickgarn, Stopfgarn oder Wolle für Strick), Sticknadel mit Spitze, Schere/Fadenschneider, Markierwerkzeug

Linkshändig? Wer möchte, kann in entgegengesetzter Richtung arbeiten.

Tipp

Am besten eignet sich Sticktwist, du kannst aber auch normales Nähgarn verwenden. Für Wollpullover ist Stopfgarn die beste Wahl.

Einfaches Blumenmotiv

Hier lernst du, Stickgarn vorzubereiten und eine Blüte zu sticken. Die Blütenblätter im Margeritenstich rahmen den Fleck ein und lassen ihn wirken, als ob er dort hingehört.

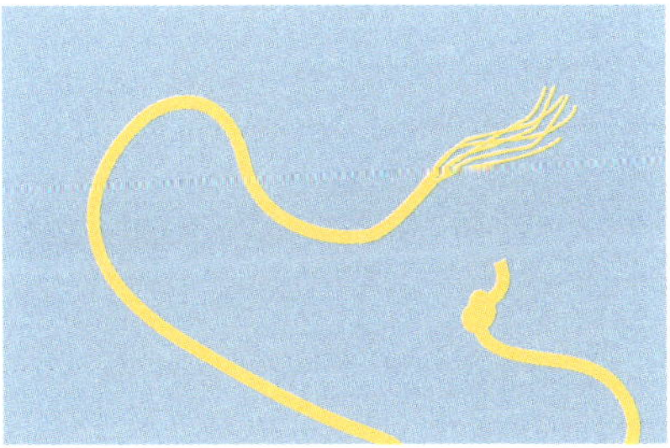

1a Ein 30 cm langes Stück Sticktwist abschneiden und die sechs Fäden nach Belieben teilen. In eine Nadel einfädeln und einen Knoten ins Fadenende binden.

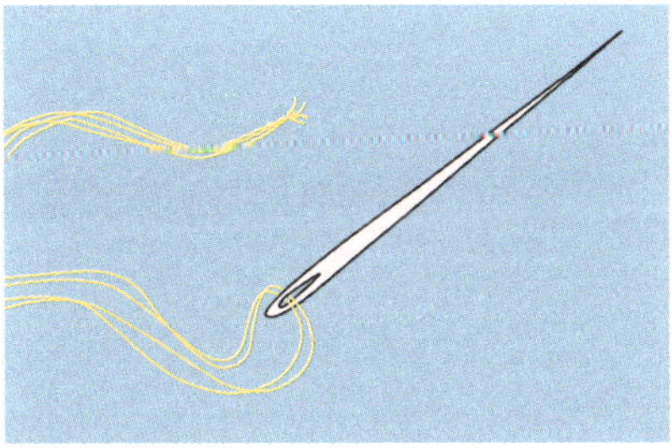

1b Alternativ ein 1 m langes Stück Nähgarn abschneiden, doppelt nehmen und die Schlaufe durch das Nadelöhr fädeln. Alle Fadenenden verknoten, sodass du mit vierfachem Faden stickst.

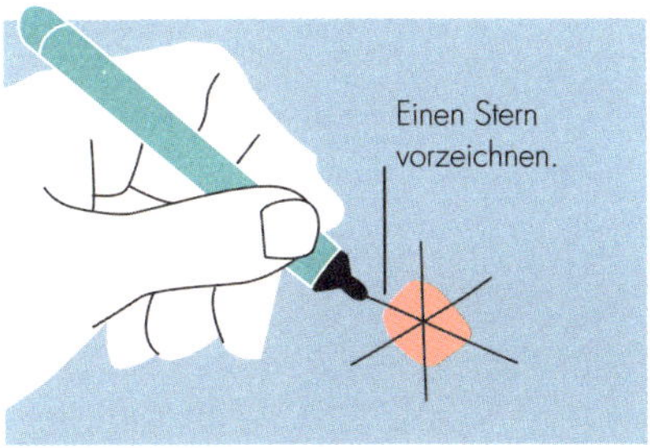

2 Auf den Fleck mit einem Textilstift einen einfachen Stern zeichnen. Seine sechs Strahlen dienen als Orientierung beim Sticken der Blütenblätter.

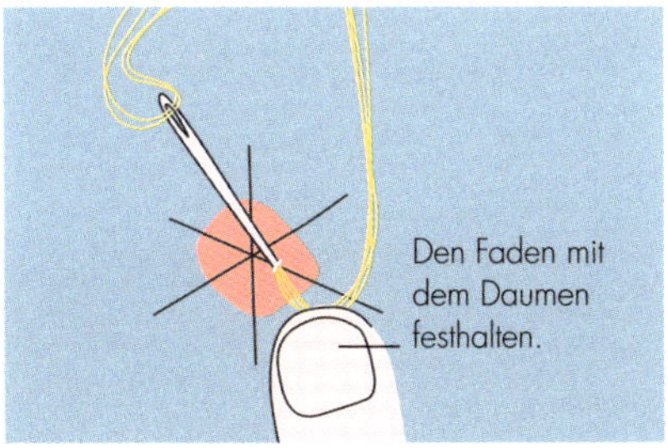

3 In 3 mm Abstand zur Mitte nach oben stechen und den Faden durchziehen. Dicht neben dem Ausstich wieder einstechen und den Faden zur Schlaufe legen. »

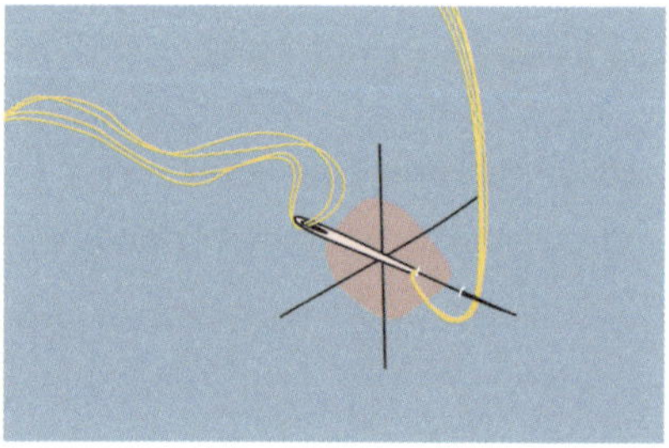

4 Mit der Nadel etwa 7 mm weiter außen wieder ausstechen, die Schlaufe unter die Nadelspitze legen. Den Faden nachziehen und auf der anderen Seite der Schlaufe wieder einstechen.

5 Schritt 3 und 4 für die anderen Blütenblätter wiederholen. Auf der Innenseite des Kleidungsstücks einen winzigen Stich arbeiten, eine Schlaufe stehen lassen, den Faden durchziehen und abschneiden.

Käfer oder Biene

Hier wird der Fleck mit Plattstichen in Form einer Biene oder eines Käfers vollständig verdeckt.

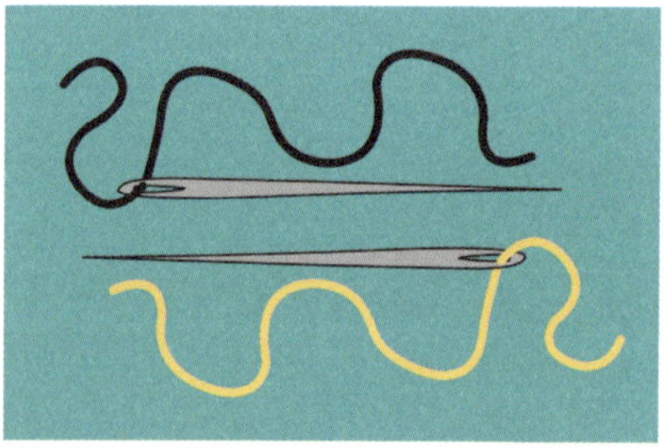

1 Das Garn einfädeln (siehe Seite 135, Schritt 1a oder 1b). Eine Farbe für den Käfer wählen. Die Biene wird mit schwarzen und gelben Streifen gestickt.

2 Mit einem Textilstift ein Oval für den Körper vorzeichnen. Er sollte zwischen 1,5 cm und 2 cm lang sein und eine klare Kontur haben.

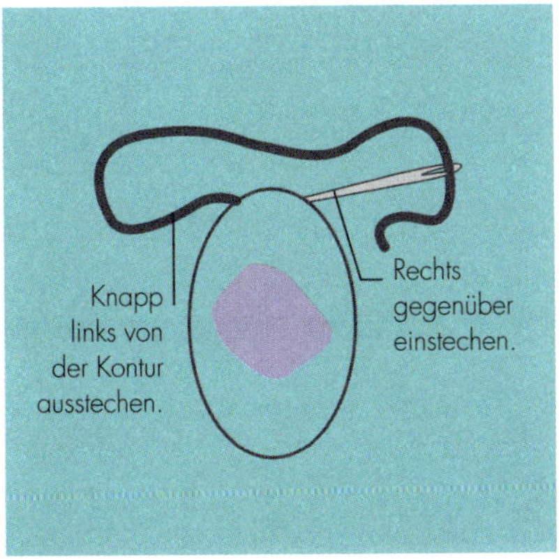

3 Am oberen Ende des Ovals knapp links von der Kontur ausstechen, dann waagerecht gegenüber knapp rechts von der Kontur einstechen. Den Faden durchziehen.

4 Knapp unter dem ersten Ausstich wieder ausstechen und gegenüber knapp unter dem ersten Einstich wieder einstechen.

5 Schritt 4 wiederholen und den Körper mit gleichmäßigen Stichen ausfüllen (für eine Biene die Farben wechseln). Die Stiche nicht zu stramm ziehen, aber auch nicht zu lose lassen.

6 Weißes Garn für dunkle Kleidungsstücke einfädeln, schwarzes für helle. Die Flügel wie die Blütenblätter mit Margeritenstich arbeiten (siehe Seite 135–136, Schritt 3–5).

© KATE SEKULES

© KATE SEKULES

© KATE SEKULES

Flecken mit Stickerei verdecken

KAUM ZU GLAUBEN, DASS SICH UNTER DEN HÜBSCHEN STICKEREIEN HÄSSLICHE FLECKEN VERSTECKEN!

© KATE SEKULES

Register

Weitere Infos

Stopfen, Flicken, Sashiko

Silke Bosbach *Modernes Sashiko: Eine Sticktechnik zwischen Tradition und Gegenwart.* Freiburg, 2013

Denise Wild *Ausbessern & Verschönern: Modische Ideen für Ihre Kleidung.* Grünwald, 2014

Erin Lewis-Fitzgerald *Geschickt geflickt. Lieblingskleidung ausbessern statt wegwerfen. Flicken, Nähen, Stopfen und Nadelfilzen.* Grünwald, 2021

Nina Montenegro und Sonya Montenegro *Flicken und Stopfen.* München, 2021

Kerstin Neumüller *Verflickt & zugenäht: Kleidungsstücke ausbessern und verschönern.* Bern, 2019

Katrina Rodabaugh *Stich für Stich kreativ reparieren: Mending Matters: Flicken & Upcycling für Lieblingsjeans & mehr.* Augsburg, 2020

Instagram:
@erinlewisfitzgerald
@katrinarodabaugh
@reclaimmending
@thefarwoods
@tomofholland
@visible_creative_mending
@visiblemend

Nähen, Upcycling, Färben

Abigail Booth *Wild gefärbt: Pflanzen sammeln, Stoffe färben, Schönes nähen.* Bern, 2018

Franziska Ebner und Romana Hasenöhrl *Natürlich färben mit Pflanzen: Farbenpracht aus Wurzeln, Blättern & Blüten.* Graz, 2016

Dorit Berger *Färben mit Pflanzen: Färbepflanzen, Rezepte, Anwendungen* Rastede, 2021

Instagram:
@still_garments
@natuerlich_faerben
@gruen.faerben
@ecoage
@sophiebenson

Textilindustrie und Fair Fashion

Carina Frings *Produktlebenszyklus eines Kleidungsstückes. Fast Fashion versus Slow Fashion.* München, 2018

Dana Thomas *Unfair Fashion: Der hohe Preis der billigen Mode.* München, 2020

Jana Braumüller *Fashion Changers: Wie wir mit fairer Mode die Welt verändern können.* München, 2020

Ellen Köhrer *Fashion Made Fair: Modern – innovativ – nachhaltig.* München, 2016

Gisela Burckhardt *Todschick: Edle Labels, billige Mode – unmenschlich produziert.* München, 2014

Heike Holdinghausen *Dreimal anziehen, weg damit: Was ist der wirkliche Preis für T-Shirts, Jeans und Co?* Frankfurt, 2015

Instagram:
@ajabarber
@fash_rev
@theseagull
@ecoage
@sophiebenson
@laurenbravo
@mrspress

Quellen

[geprüft September 2020]

6–7 Vorwort

www.greenpeace.org/international/press-release/7566/black-friday-greenpeace-calls-timeout-for-fast-fashion

Dana Thomas *Fashionopolis: The Price of Fast Fashion and the Future of Clothes.* New York: Apollo, 2020

www.wrap.org.uk/content/wrap-reveals-uks-£30-billion-unused-wardrobe

www.dailymail.co.uk/femail/article-3117645/Women-ditch-clothes-ve-worn-just-seven-times-Items-left-shelf-buyer-feels-ve-weight-ve-bought-whim.html

8–11 Vorsicht: Fast Fashion

www.fashionrevolution.org/usa-blog/how-much-garment-workers-really-make

news.un.org/en/story/2019/03/1035161

Dr Tara Shine *How to Save Your Planet One Object at a Time.* London: Simon & Schuster, 2020

www.fashionrevolution.org/wp-content/uploads/2017/02/What-My-Jeans-Say-About-the-Garment-Industry.pdf

www.facebook.com/unitednations/posts/10000-litres-of-water-are-needed-to-make-a-single-pair-of-jeansby-shopping-secon/10157679840810820

www.theguardian.com/sustainable-business/2015/mar/20/cost-cotton-water-challenged-india-world-water-day

www.wrap.org.uk/content/textiles-overview

Dank

Dank der Autorin

Großen Dank an meinen Mann Pat, der immer an meine Fähigkeiten glaubt, selbst wenn ich selbst zweifle und unsicher bin. Danke, dass du mir geholfen hast, dieses Buch zu schreiben, während ich wegen des Lockdowns eingesperrt war, in einer Wohnung mit anderen Jobs festsaß und zwei kleine Kinder betreuen und Homeschooling stemmen musste.

Ein großes Dankeschön an meine Kinder Dolores und Frankie. Wenn ihr die Erde an die nächste Generation weitergebt, ist sie hoffentlich in einem besseren Zustand als jetzt. Ihr gebt mir jeden Tag Gründe, mich dafür einzusetzen.

Danke an Vic, der mich die ganze Zeit über bei allem unterstützt hat.

Danke an meine Eltern, die mir von Kindheit an den Wert des Selbermachens vermittelt haben. Besonders danke ich meiner Mutter, die mir das Nähen beigebracht hat und von der ich gelernt habe, dass man jedes Kleidungsstück ändern kann.

Danke an die Näh-Community vor Ort und online für ihre Großzügigkeit und Unterstützung.

Herzlichen Dank an Nikki und Dawn von DK, die mich bei der Arbeit an diesem Buch begleitet und unterstützt haben.

Dank des Herausgebers

Dorling Kindersley dankt Katie Hardwicke für das Korrektorat, Hilary Bell für das Register und Kate Sekules für die Genehmigung zur Verwendung ihrer Fotos.

Bildnachweis

Der Verlag dankt für die Genehmigung zur Verwendung von Fotos:

(o–oben, u–unten, l–links, r–rechts, m–Mitte)

34 Zoe Edwards: (o, u). **35 Zoe Edwards.** (o, u). **44 Alamy Stock Photo:** Carolyn Jenkins (u). **Zoe Edwards:** (o). **45 Dreamstime.com:** Chotika (o). **Zoe Edwards:** (u). **54 Kate Sekules/visiblemending.com:** (o, u). **55 Kate Sekules/visiblemending.com:** (o, u). **76 Zoe Edwards:** (o, u). **77 Zoe Edwards:** (o, u). **88 Zoe Edwards:** (o, u). **89 Zoe Edwards:** (o, u). **94 Zoe Edwards:** (o, u). **95 Zoe Edwards:** (o, u). **114 Zoe Edwards:** (o, u). **115 Zoe Edwards:** (u). **132 Alamy Stock Photo:** Helen Cowles (u). **Dreamstime.com:** Joloei (o). **133 Alamy Stock Photo:** Emilia Kun (u); Polly Thomas (o). **138 Kate Sekules/visiblemending.com:** (o, u). **139 Kate Sekules/visiblemending.com:** (o, u).

Über die Autorin

Zoe Edwards unterrichtet Nähen und Schneidern und schreibt seit mehr als zehn Jahren einen Blog zu diesem Thema. Nachhaltigkeit ist ihr ein großes Anliegen, darum setzt sie sich für Wiederverwertung von Materialien und Slow Fashion ein. Sie möchte andere inspirieren und ihnen dabei helfen, ihre eigene Kleidung zu nähen – mit viel Spaß und ohne große Kosten. Zoe hat den Wettbewerb Me-Made-May ins Leben gerufen, der dazu auffordert, selbst geschneiderte Kleidung im Monat Mai ganz bewusst der Öffentlichkeit zu präsentieren. Damit möchte sie die Lust am Selbermachen und die Wertschätzung für handgefertigte Kleidung fördern, damit alle Menschen eine positivere Einstellung zu ihrer Garderobe entwickeln können. Zoes Blog (in englischer Sprache): sozowhatdoyouknow.blogspot.com. Mehr über sie auf Instagram @sozoblog.

DK Penguin Random House

DK London
Lektorat
Katie Cowan, Nikki Sims, Dawn Titmus, Ruth O'Rourke

Gestaltung und Bildredaktion
Maxine Pedliham, Christine Keilty, Senior Art Editor, Amy Child, Jessica Tapolcai

Herstellung
Tony Phipps, Stephanie McConnell

DK Picture Library
Illustrationen Steven Marsden

Für die deutsche Ausgabe:
Programmleitung Monika Schlitzer
Projektbetreuung Doreen Wolff
Herstellungsleitung Dorothee Whittaker
Herstellungskoordination Claudia Rode
Herstellung Claudia Bürgers
Covergestaltung Jürgen Katzenberger

Titel der englischen Originalausgabe:Mend it, wear it, love it!
Stitch your way to a sustainable wardrobe.

Übersetzung Wiebke Krabbe
Lektorat Regina Sidabras

ISBN 978-3-8310-4337-8

Druck und Bindung TBB, a.s., Slowakei

FSC www.fsc.org MIX Papier aus verantwortungsvollen Quellen FSC® C018179

www.dk-verlag.de

Hinweis
Die Informationen und Ratschläge in diesem Buch sind von der Autorin und vom Verlag sorgfältig erwogen und geprüft, dennoch kann eine Garantie nicht übernommen werden. Eine Haftung der Autorin bzw. des Verlags und seiner Beauftragten für Personen-, Sach- und Vermögensschäden ist ausgeschlossen.